懷舊錄

沈西城

著

讀沈西城的《懷舊錄》

◆許定銘

沈西城約我為他的新書《懷舊錄》寫序，責任重大，人老了，不想負重，寫序不敢，不過，如果能在出版前先讀巨著，胡亂說幾句讀後，卻也無妨。

他在香港歌影視文化藝術娛樂界活動超過半世紀，難得的是本身有料外，人緣甚好，屢得前輩提攜，交以重任，才得在他們的圈子　活動，得睹前人的風采，能記下他們的生活點滴，此讀者之福也。

如孫大姐農婦，知道西城失業，立馬約見，訓斥兩句之後，隨即指示他往《大任》週刊上班。須知一九七〇年代的香港社會，雖說是發展迅速，卻仍是人浮於事，找份工作得左託右託，甚至暗送紅包，殊不容易。孫大姐與沈西城之間是伯樂與馬的故事，也要你自己真的是超班馬才會發生，你以為農婦是盲的嗎？

《懷舊錄》裏五十多篇文章，真的是包羅萬有，說歌星的有鄧麗君、方逸華、林冲；影視的有岳華、惠英紅；作家的有金庸、倪匡，黃霑、林燕妮；娛樂的有李我……，只要你是過去幾十年在本地生活的香港人，都知道這些名人，或許都想聽聽他們生活的另一面，《懷舊錄》給你說的，就是這些故事。

此中我特別有興趣的是談李我的〈講古天王李我〉，李我在大氣電波中講故，由一九四零年代起紅遍省港澳，一個人能發幾種聲調講故，不知迷死多少聽眾。昔日生活簡單，甚少娛樂，閒時聽收音機乃係最佳節目。每日中午，李我之天空小說在大氣電波一出現，幾乎人人停工，阿姐阿嫂，阿公阿婆個個收起雙手，伏在收音機旁聽出耳由；即使在街邊販賣的小販，或者走過路邊的阿哥阿妹，都乘機俟近涼茶鋪，聽他們流出來的李我天王底古仔聲浪，幾達全民聽古的階段。一九五〇年代末，筆者初升中學，見人人聽古，也跟着大人追聽《出谷黃鶯》，迅即上癮，日日追聽。

其時李我雖受歡迎，但，關於他的身世歷史之八卦書却甚少見，大家對偶像所知甚微。到天空小說被時代淘汰，有關李我的一切，就更少人知道了。而沈西城的〈講古天王李我〉正好補充了這些，他告訴我們，李我是孤兒，聰明絕頂，講古只有腹稿而無劇本，故事隨時順勢轉變，撈到風生水起，一斤大米只售四毫的年代，他可以花七百二十元從廣州乘飛機到香港的陸羽飲茶，飲完茶又乘機返廣州……。

沈西城行文風趣幽默，考證不多。去年鄭明仁得秘本《成報彙刊》第一集，從裏面得知《成報》三日刊創刊於一九三八年八月，創刊人是何文法、李凡夫和過來人三位。

對本地文化有深認識的資深讀者，大多知道此三人，其後有人覺得原名蕭思樓的滬籍作家過來人，似是一九五〇年代才來港的，無可能在一九三八年與何文法等人創辦《成報》三日刊。沈西城細心研究，撰〈誰是過來人〉反覆論證，終於認定當年之過來人，是何文法的外父鄧羽公，而非後來到港的蕭思樓，可見其考證功力亦深厚！

沈西城曾遊學東瀛，精通日語，《懷舊錄》裏的文章不少與日本文藝界有關，愛東瀛文化者，大概亦可從中尋得所好，切勿失諸交臂！

——二〇二〇年六月

目錄

湘婦好義——憶孫大姐

年剛九十四的農婦（孫淡寧女士）避離塵世，悄悄地走了，陶傑告我這消息，難過自不免。七四年得到克亮兄引薦，認識了農婦，跟別的年青人一樣管她叫「孫大姐」，在現實生活裏，她是眾人的大姐，對青年，吁寒問暖，盡伸援手，我是其中一個受惠者。七五年初離開又一村出版社後，一直賦閒在家，大姐不知從哪裏知道了，約我見面，地點是《明報》報社對面小餐館，一見面，便罵：「媽的！小葉！啥個事體，沒上班也不找大姐！」跟住嘰哩呱啦嘮叨了一大堆，我沒插嘴餘地。呷了口咖啡，孫大姐氣平心靜，關懷地問：「小葉！你打算怎樣過？老婆、小孩要養的呀！」我默然無語。孫大姐微咳一聲，略抬頭，半白頭髮在燈光下閃出銀光：「我替你找個差使，好不？」我點點頭：「拜託了！大姐！」「這好！我的老阿弟寶毅剛去了《大任》週刊，需要一個編輯，你後天上班去！」不待我回覆，往下說：「好了！今天到此為止，大姐還有稿子沒弄妥！」拿起枱上單子，跑到櫃臺結帳，我趕上去搶，她眼一瞪，像銅鈴，吼道：「你敢？」我乖乖就範。辛辣、直率、豪邁，是湖南人的特點，這在孫大姐身上尤為顯著。

隔一天，我跑到中環「萬宜」大廈《大任》編輯部，見到孫寶毅先生，他握着我的手道：「謝謝你來幫忙！」我回說：「我資歷淺，怕幫不上甚麼！」寶毅先生肯定地道：「不不不！大姐薦的人不會差到哪兒去！」這無疑加重了我壓力。上班不到一個星期，接到首項任務——訪問金庸，不待寶毅先生言明，我已猜到是大姐代籌謀的，她的先生（我們稱馬老爺）是金庸唸政治大學時期的同學，高兩班，是學兄。其時，金庸住在渣甸山，三層高洋房，二樓全層書房，壁髹淡藍，書架頂天，踏足其內，如進書海。訪問間，我問得多，金庸也答得多，攝影師小朱拍照連連，一個半小時完事，心情激盪不已，能訪問金庸，是那年代所有記者的夢想，既實現，下山時，興奮得跟小朱相與拊掌。第二天，大姐打電話來問訪問的情形，告以「順利完成任務。」大姐「嘿」的一聲：「別吹！拿來我看看！」我用一天時間寫好，跑上《明報》，親手交與她，老大姐真行，立馬翻看，並在不妥之處用紅筆打圈：「你回去改一改，可以發表！不錯！」我如奉綸音，奔下樓梯。這是我第一篇寫金庸的文字，可惜手邊無存稿，憾事也！

八二年夏天，為了寫《香港女作家素描》，跑去大姐太古城的家，暢談竟夜。大姐談鋒健，滔滔不絕，馬老爺疼她，從睡房走出來催她睡，這可惹火了大姐，嗔道：「噓噓！快去睡，別理我們！」轉臉向我說：「小葉！我有巴西咖啡，弄一杯讓你提提神！我們往下聊！」大姐一開腔，如奔流似驟雨，談文論藝，敘往憶舊，最精采的莫如親手槍斃了一個關東軍：「那關東軍還咧嘴哈哈大笑，笑聲猶如狼嗥，真是他媽的，俺心底大怒，拔出手槍，對住他的胸頭便是『砰砰』兩槍，跟住上前踩了他一腳，看看到底死了沒有。殺完這個關東軍，我跑到下面一口氣乾了一大碗鄉下米酒，划了一大碗飯，心裏好不舒暢。殺人是多麼殘忍！我怎會變得如此殘忍？」我忍不住伸出手握住大姐的手猛搖，朗聲說：「好！殺得好！」大姐用右手食指捺在唇邊：「噓噓！別吵醒馬老爺！」時已夜深，我告辭，大姐送我到門口，說：「小葉！『作家』的定義，若由我定，大概是這個樣子吧——所謂『作家』，他的文章定要擲地有聲，有社會價值，有深邃的思想，能寫這種文章的人，才配稱得上是『作家』。」沉痛無奈的話，至今刻在心坎。想起劉海粟寫給大姐的一副字——「筆底人間煙火，紙上四海風雲。」大姐正在其中。

農婦的《鋤頭集》

農婦的《犂耙集》 | 農婦的《水車集》

漫談上海話

我是上海人，愛講上海話，南來六十年，說得愈來愈少，近十年，能跟我講上海話的親友，幾乎蕩然無存。母親失憶後，廣東話多，上海話少，跟她講話，回答的都是不純正的廣東話，氣煞我也。早年電影，寫上海情況者，盡配粵語，電影《半生緣》、《阮玲玉》，描述上海的人和事，幹啥用粵語？請教高明，答覆是：怕觀眾聽不明，影響票房。那真是天大笑話耳，看這類文藝電影的觀眾，總有點學識，不懂上海話，可看字幕呀！難道高明的朋友以為可以吸引到那些江湖混混來看？喲！緣木求魚者，莫此為甚。倒是王家衛有灼見，《阿飛正傳》老阿姐潘迪華演張國榮母親，一口上海話，聽得熨貼暖和，嘗建議家衛兄拍一部真正的上海電影，不一定講上海灘，二三十年代弄堂風光，風格近乎袁牧之的《馬路天使》，好讓我等老上海穿過時光隧道重溫舊情，可這是遙遠的夢嗎？是夢？非夢？只好求諸造夢的人！

上海話據歷史記載，屬吳語一類，比吳儂細語的蘇白口音較重，卻又不若雜入寧波方言那麼煞硬。不管別的市府，單說上海，就有市區、崇明、練塘、松江和嘉定五個口音區。上海文明人以市區口音為正宗，此即為標準上海話，至於其他四區，尤其是崇明，早被視為「鄉下話」。上海人重階級，浦西人看不起浦東人，鄙之為「鄉下大好佬」，不列廟堂。浦西即今日人人共知的大上海，三十年代紙醉金迷，繁華一時，人人都以能說市區上海話為榮，聽說出諸縉紳之家的詩人邵洵美，細膩潔白，英俊倜儻，一口軟濃合度的上海話，旗亭賭韻，板橋尋春，迷盡嬰宛。我沒見過邵公子，但類似人物，六十年代在香港也確有見面的機會，書家王植波、電影《兒女英雄傳》的安公子，就是活脱脱張愛玲筆底下的人物，雋秀瀟脱，溫文爾雅，見廣識多，與之談，如沐春風。我曾執弟子禮學鋼筆書法，第一課，植波師執我手一筆一劃寫，可惜墜機早逝，只學得皮毛。還有一位陸先生，住我家樓下，做貿易生意，開夜總會，上海話也標準，最鄙「阿拉儂」的三及第寧波上海話，嘗言：「格種寧波腔弗上枱面。」母親是寧波人，在上海長大，上海話蠻好，惟不如她的老姊妹三阿姐，嬌小如香扇墜，話語似黃鶯兒，聽說是黃金榮的情人，糯糯帶蘇白的上海話，聽得男人骨頭酥心兒跳。老阿姐潘迪華的上海話流利，略嫌硬梆，話如其人，剛強直爽。

最近上海有一部電影叫《羅曼蒂克消亡史》，導演程耳，葛優、章子怡聯演，電影以上海話為主，吳思遠看了，向我推薦，豎高大拇指說：「嶄！」我忽地想起韓邦慶的《海上花列傳》，全書用吳語，姜漢椿先生引言云──「《海》書雖寫妓女，但其宗旨卻是『為勸戒而作，其形容盡致處，如見其人，如聞其聲。閱者深味其言，更返觀風月場中，自當厭棄嫉惡之不暇矣』」又云──「此書的另一個特點，是用吳語寫作。

韓邦慶的《海上花列傳》綫裝本內文書影之一

韓邦慶的《海上花列傳》綫裝本內文書影之二

據《海上繁華夢》作者孫玉聲在《退醒廬筆記》中云：『余則謂此書通體皆操吳語，恐閱者不甚了了；且吳語中有音無字之字甚多，下筆時殊費研考，不如改易通俗白話為佳。乃韓言：『曹雪芹撰《石頭記》皆操京語，我書安見不可以操吳語？』」張愛玲怕讀者不懂，譯為白話，用意好，卻失真。陳定山在《春申舊聞》一書中把上海話劃分成兩派，一是二〇年時代老上海閒話，以浦東、浦西、虹口為主；次則是四十年代的浦西上海話，定公以為正宗，如今又多了一種新派上海話，流行於七八十年間，夾七夾八的新語多，甚麼淘漿糊，我這個老上海弗大懂。

這裏不妨舉幾句老上海閒話：（一）翹辮子（死亡）、（二）阿木林（獃子）、（三）觸鷩腳（說是非）、（四）卡拉士（格調）、（五）名譽人（名人，尤指交際花）、（六）腳饅頭（膝蓋）……，不勝枚舉，上海朋友，你能懂多少？

紅白歌合戰

七一年，秋風起時三蛇肥，到了東京，卻只能佐以味苦秋刀魚。十一月入校習日語，同學來自五湖四海，英文成清一色語言。某日上課，早川治子老師聊起日本歌謠，建議收看十二月三十一日大晦日（除夕）NHK的《紅白歌合戰》。我一頭霧水，尋問鄰居池田太太，方知端詳，日本歌唱界每年除夕必有紅白（即男女）歌星對抗大賽，以賀新年，大抵晚上八時開播，一直到除夕鐘聲響起止，陣容赫赫，是家家戶戶必看的節目。到了除夕，我守在電視機前屏息觀看，場面盛大熱鬧，一眾男女歌星，各展奇謀，男的筆挺西裝，斯文莊重；女的典雅和服，清麗可人；亦有奇裝異服，嬌嬈婀娜。那年白組（男）隊長是宮田輝，紅組（女）是演歌天后水前寺清子，兩人名頭響，我卻陌生，男歌手僅認識森進一、北島三郎和橋幸夫；女歌星最有印象是青江三奈和小柳留美子，青江抑悒帶風塵，小柳嬌豔添性感，歌都唱得地道。打傍晚一路看到淩晨十二點，勝負已定，白組在森進一帶領下勝出，雙方隊長交換錦旗，音樂響起，高歌賀歲。嗣後到離開東京，除夕夜必看「紅白大賽」。七二年，對臺灣來說，是天大喜事，歐陽菲菲入選紅白，乃華籍歌手第一位，臺灣同學林原引以為榮，硬要我收看。當年紅組有新潮混血美女山本蓮黛、活潑佻脱的天地真理，壓陣是一代歌姬美空雲雀；白組有澤田研二、森進一，大軸北島三郎，風水輪流轉，紅組奪冠。

我雖為菲菲打氣，心裏滿不是味兒，其時陳美齡已闖日本樂壇，很受歡迎，卻沒中選，林原言出譏諷：「小雞唱歌，哪及咱們的菲菲磁性風騷。」不忿，回敬道：「他媽的，咱們走着瞧！」七三年，挨到香港風光了，陳美齡進紅白，唱《虞美人之花》，香港情懷作祟，阿林、老龐跟我都拍腫手掌。假期過後回學校，向林原挑釁──「雛鳳勝老聲！」

林原發火，跟我吵得臉紅耳熱，同學排難解紛，擔心不已，豈料晚上我已跟林原跑到歌舞伎町浮一大白。

我到東京時，山口百惠、櫻田淳子、森昌子三朵小花剛好冒頭。池田太太最喜歡山口百惠，誇她清澈如一泓湖水，是文豪川端康成筆下的典型人物。我早在香港讀過不少川端先生的中譯小說，除了《伊豆舞孃》的少女角色跟山口合襯，餘者皆不理想。山口後來成為《霧之旗》的女主角柳田桐子，報復惟利是視的大塚律師，票房大賣，我卻認為她演得並不好，代之以天地真理，效果更佳。可日本人瘋狂如着魔，死命捧，山口百惠成為家喻戶曉的人物，後委身三浦友和，告別娛樂界，引起粉絲憤怒，聲討其夫，三浦終致不紅不黑。山口教我最佩服的地方，並非歌聲和演技，而是對愛情的堅持，引退就不復出，富貴如浮雲。櫻田淳子是山口同學，跟山口同期出道，在舞臺上活潑奔放，舞姿妙曼，卻是一個大近視，十呎開外難辨物。三朵金花我最喜愛森昌子，事實上歌藝也以她最好，從偶像派演變至實力派而能站穩的歌星，那年代只怕得她一人矣！森昌子命蹇，嫁了森進一離婚，近年復受癌症折磨，身體日壞。

久沒看「紅白」大賽，吾友嶺南大學李教授是日本忠實歌迷，關注紅白，告我今年紅組勝出，反論處處，原因是民調大都傾向白組。李教授大抵不了解「紅白」的賽規，大會一共有十五個球（紅白各十五），評委分三組，一是電視機、電臺觀眾，二是現場觀眾，最後是嘉賓評判共十一人。前二組勝出者，則可各得兩個球，白組今屆在第一二組得四球，只消在嘉賓組拿四球就奪魁，叵耐嘉賓偏紅組，投與九球，而白組只能攫二，合計六球，六比九輸了比賽。是否公允？難説，近日世道，民調高者，多滑鐵盧，英國脱歐如是，美國大選如是，臺灣影帝如是，日本紅白如是，香港特首亦復如是！

陳美齡在紅白大賽中，曾唱《虞美人之花》。

鶼鰈情深說岳華

八零年蔡瀾作曹邱，有緣跟文靜韶秀的凌子女士見面，地點在舊「利園」酒店。凌子剛拍好電影《原野》，來香港宣傳，蔡瀾臂助。凌子原名葉向真，是葉劍英次女，家勢顯赫，本只消引臂一呼，香港左派自是萬馬齊嘶，戮力推廣；凌子不吃這一套，要親自晤朋友聽真話。三十多年前的事兒了，談過甚麼話，印象已模糊，只記得提到拍《原野》的難處，曹禺原著牽涉兩性關係，處理這種場面，在當時有點尷尬，其中一場劉曉慶、楊在葆調情戲，就為楊解劉的鈕子，是兩粒還是一粒？煩惱不休，鬧騰好一陣子，為免電檢麻煩，最後只解一粒。我笑語凌子，這在香港絕不會出現，兩點盡現了，況乎兩粒鈕子？凌子苦笑，羨慕香港的電影自由。談了會兒，凌子辭別，蔡瀾拉住我要另去地方。

上了汽車，�入悄悄山路，七轉八彎，到了清水灣一幢精緻小洋房停下，未按門鈴，蔡瀾已高喊：「岳華！開門！帶朋友來了！」聲未已，門「呀」地打開，出現我面前的是翩然俊雅、瓊林玉樹的中年男人，定睛看，正是岳華！進了客廳，還沒來得及客套，蔡瀾揚起手嚷：「喂喂喂！肚子餓啦，快開飯！」岳華笑：「蔡樣！你總是那麼猴饞！」菜式開上來，呀！原來是「火鍋」，大小約有十來碟，雞、肉、魚、蝦、蟹，式式齊備。剛坐下，岳華夫人恬妮來了。蔡瀾如李白，無酒不歡，拔蘭地滿杯倒，既給岳華，也給我。我酒量淺，平日三杯啤酒便頹然醉倒，喝了半杯拔蘭地，已舉手投降，蔡瀾促狹，雙手猛搖：「不行不行！沈樣一定要喝，得給岳華面子呀！」抬出主人大號，能不從？心一橫，向虎山行，一杯、兩杯……很快不醒人事，倒臥岳家客廳沙發上。回程時，嘔吐大作，隱約記得給扶上汽車時，岳華從旁叮嚀：「沈兄！你保重呀！」此話今猶未忘。

岳華的電影看過不少，最喜歡的是六六年胡金銓執導筒的《大醉俠》，胡金銓傑作，也是岳華、鄭佩佩成名作，自此，兩人成了大俠、俠女。六七年胡金銓跟「邵氏」鬧翻，跑到臺灣拍《龍門客棧》，本想以岳華、鄭佩佩為男女主角，「邵氏」不放人，改弦易轍，起用上官靈鳳、石雋，結果紅透半邊天，不由得想到假如岳華能接拍《龍門客棧》，又會是一番甚麼光景？世事難料。那趟之後，再沒見過岳華，偶在熒屏上看到他，演技凝練內斂，正反角色，操控自如，能有這種修為，大抵源自本身豐厚的文化底蘊。岳華本姓梁名樂華，廣東中山人，上海長大，自幼雅好音樂，是上海音樂學院高材生，六二年來港，入「南國」訓練班，同期有陳鴻烈和夏雨。岳華溫文敦厚，作事認真，是典型好男人。作家亦舒曾戀岳華，主動追求，女追男隔層紗，終成密友，無奈亦舒有公主病，稍不如意，擲物拍枱，岳華狼狽不已。某日，脾氣來了，盛怒底下竟把岳華的西裝全剪個稀巴爛，明星無西裝，出不了門口，只好乖乖耽在家。說岳華的剋星是女人，準沒錯，走掉亦舒，來了恬妮，好一個瑤鼻杏眼、滴粉搓酥的蘇州麗人，脾性烈似火，不遜亦舒，岳華愛伊，甘為裙下臣，七五年結為並蒂蓮，相依至今。六十年代，世伯閻蘭亭告我恬妮是他的外甥女，是耶非耶？莫得而知。

去年十一月，加國兩位女主播潔芝、照明到港，轉達岳華近況：豐容盛鬋、婉孌多姿的恬妮，篤佛後變得恬靜平和，放下執着，不問世事，岳華脫困，遂可遊走加、港二地，曾染恙，今已癒。香港影圈，模範夫妻不多，鶼鰈情深的岳華、恬妮是其一，金童玉女的康威、胡燕妮是其二，婦唱夫隨的金漢、凌波是其三。三對夫妻，經歷幾十年，情猶未變，非得「眉間心上，無計相迴避」，方能如此！

《大醉俠》劇照

鄧麗君瘋魔中日

拙文〈紅白歌合戰〉刊出後，朋友們埋怨我漏掉鄧麗君，香港鄧迷眾多，說了歐陽菲菲、陳美齡，不提鄧歌姬，對鄧迷言誠乃「大逆不道」。我回說「老朋友！你們大概沒仔細看，寫的是我留日期間的事，那時候，鄧麗君正在日本接受地獄式訓練，還沒出道哩！」

根據小島君回憶，鄧麗君入選「紅白」僅兩趟，時維八五年和八六年，我已離開日本逾十年。華籍女歌手最早出現《紅白歌合戰》的是臺灣歐陽菲菲，獻唱《戀愛追蹤》，歌遏行雲接宮商，舞態蹁躚，猶似花間鳳轉，惑盡男性觀眾，知音折腰。翌年，菲菲人氣旺，又登「紅白」舞臺，卻添了香港陳美齡，以童喉唱《虞美人之花》，雛聲清爽，博得一致好評；嗣後，一連三屆入選，是華籍女歌星紀錄保持者（菲菲亦入選三屆，卻非連續）。第三位上陣的華籍女歌星，是七九年的翁倩玉，一曲《魅惑》，吐玉噴珠，輕重依調，歌迷傾心，次年復入選，是臺灣人的光榮。論年資，鄧麗君係小輩，俟八五年，才憑一曲《愛人》入「紅白」；第二年連莊，唱《我只在乎你》，周郎着魔。

日友華房良輔在八十年代末説過這樣的話——「來自港臺女歌手，依我看，歐陽菲菲和陳美齡都是時代的幸運兒，日中復邦交，掀起中國熱，NHK《紅白》為求收視率，就挪出位置容納伊等。她們唱得自不壞，但以大和民族的保護主義，若非碰上日中友好契機，兩人入選的機會是微乎其微的。至於茱迪翁（即翁倩玉），幼居日本，日本人一直視她為半個同胞，感情作祟，入選順理成章。只有鄧麗君小姐，是憑個人實力打進紅白的，她的天籟歌聲，不止迷倒日本歌迷，就連音樂界前輩如服部良一、平尾昌晃都對她翹起大拇指。一個異國歌手，能贏得如此多讚美，在日本是很罕見的。」

華房先生的説法，乃是平情之論，三十年後的今日，四位女歌星仍為人談論者，僅鄧麗君耳。八十年代在內地，流行着這樣一句話——「白天聽老鄧，晚上聽小鄧」，就是説白天聽從鄧小平指令，晚上便挨在盒式錄音機前瘋聽鄧麗君，可見鄧小姐魅力驚人。

千禧年，鄧麗君歿後五年，我到深圳工作，每週兩天，晚上到歌廊消遣，臺上女歌星幾乎千篇一律獻唱鄧麗君歌曲，《我只在乎你》、《甜蜜蜜》、《小城故事》、《何日君再來》、《夜來香》……。我欣賞鄧麗君，可不糊塗，告訴下來聊天的女歌星們，後兩曲並非鄧麗君原唱，她們鳳眼圓瞪：「沈先生！你説啥啦？老師説都是鄧麗君的歌喲！」我撥亂歸正，不吝獻肚裏墨水——「《何日君再來》是四十年代的歌，作曲晏如（劉雪庵），作詞貝林（黃嘉謨）；至於《夜來香》，是咱們中國歌唱界殿堂人物黎錦光先生傑作，原唱李香蘭。」女歌星們一臉狐疑，盯着我：「老師錯了？老師錯不了！」我灌口啤酒，氣往上湧，喝道：「那教你老師來見我！一錯不能再錯！有錯要改（那是奢望）！」

由此可知，內地音樂界溺愛鄧麗君，對她的歌曲卻不甚了解。鄧麗君首本歌曲不多，反之翻唱而膾炙人口者夥，像《月亮代表我的心》，原唱是陳芬蘭，不火，鄧小姐演繹後，成神州、東南亞各地名曲。兩人歌路不同，陳芬蘭磁性歌喉，鏗金戛玉；鄧麗君宛囀柔潤，聲如枝上流鶯，難分軒輊，只能說運氣方面，後者是神的寵兒。

紅白歌合戰，今不如昔，收視節節下挫，晚近已達驚人程度。據記載，史上最高收視為六三年第十四屆，約 81.4%；而最低者是二〇一五年第六十六屆，低至 39.2%，兩者相距達 42.2%，緣何如此？日本傳媒分析云：歌星青黃不接，水平參差，網絡文化興起，年青人再不鍾情，老牌歌星離世，年長觀眾終棄《紅白大合戰》而去。唉！王小二過年，一年不如一年！

一代歌后鄧麗君

雨夜花

我在臺灣「華國」歌廳初聽《雨夜花》是九四年秋的事，女歌星荏弱似楊柳，一聲聲，如泣如訴，恍若杜鵑悲啼，入耳不去。身邊劉鐵嶺教授作紹介，此曲是臺灣歌謠之父鄧雨賢三三年的作品，哀感頑豔，輔以詞家周添旺歌詞，兼得牡丹綠葉之妙，早為臺灣歌壇傳世之作。二十一年後，適逢雨夜，在家看到網上臺劇《純純》，寫的正是《雨夜花》的創作事跡，盪氣迴腸，感人肺腑，因而引起我追溯《雨夜花》的念頭。劉教授説《雨夜花》是鄧雨賢的作品，只説對一半，《雨夜花》(原名《春天》)乃臺灣日治時代的一首童謠，詞為作家廖漢臣在三三年所寫：「春天到，百花開，紅薔薇，白茉莉……」詞成，交由鄧雨賢譜曲，節奏輕快，跟哀怨了無干係。歌調原為「5653211 65」，流轉市井後，被唱成「565332165」，約定俗成，由喜變哀，乃是無心插柳。《純純》一劇，提到周添旺譜新詞的經過，三四年，周添旺掌唱片公司「哥倫比亞」文藝部，酬酢繁忙，某夜在酒家跟酒女共酒，酒女醉後邊唱邊道身世，原為貧家女，為求理想來到臺北，遇上城市兒郎，情投意合，論及婚嫁，惜乎愛郎心變，追戀富家女，對伊棄如敝屣，沒臉見江東父老，只好淪落臺北酒家，侑酒賣藝為生，恨海難填，酒添清愁。現世柳永周添旺，聞言心傷，靈感泉湧，以酒女宛似夜裏的風雨落花，重為《春天》配詞，悲涼淒戚，纏綿悱惻。自是《雨夜花》的無奈、哀怨、惆悵，成為日後閩南歌曲的主調。跟《雨夜花》並列鄧雨賢「四月望雨」的《望春風》、《月夜愁》和《四季紅》，無一不有相似的悲愴。

天妒英才，鄧雨賢生於一九〇六年，一九四四年歿，存活僅三十八載。幼喜音樂，十五歲從日人一條慎三郎學藝，深受幽怨演歌影響，二十九歲，獨自赴東京習作曲，他是日本國民作曲家古賀政男的崇拜者，《純純》劇中有一場戲描述鄧雨賢初到日本巧遇古賀政男的情形，有如齊白石落魄時邂逅梅蘭芳，對方僅一個禮貌式的點頭，已覺暖流遍體，感動不已。其時，他的《雨夜花》不獨紅遍臺灣歌壇，連日本音樂界也樂隨其風，三八年將之改編為「軍歌」，鼓舞臺灣僑民做日軍的軍夫，屠殺同胞，苦無能力反對，鄧雨賢為之心灰意冷，憤而從臺北移居新竹，深居簡出，不問世事，四四年六月因心肺病去世。

說鄧雨賢是為「軍歌」事件，積鬱成病，也只對了一半，據《純純》一劇的敘述，鄧雨賢跟他的女徒弟純純似有着一段「欲有還無」的感情。純純本名劉清香，是臺灣一家小店夫婦的女兒，性愛唱歌，為音樂家陳君玉看中，引進「哥倫比亞」，受教於鄧雨賢。以她嗓音低婉深沉，鄧雨賢就教她唱《雨夜花》，並錄成 78 轉黑膠唱片面世，一雷天下響，純純從此成為閩南歌歌后。純純愛慕老師，惜老師已有妻鍾有妹，無法相愛，兩人相處只靠凝望淺笑傳意。純純走紅後，在臺北車站開咖啡店，招待音樂文化人，一夕碰到「臺灣大學」學生，互訴衷情遂而相戀，無奈男方家長以純純出身低微而棒打鴛鴦。正在純純失魂落魄、形銷骨立之際，日本青年白鳥悄悄地闖進伊心扉，潘安臉龐，風風流流，純純心折。此君散漫無才，人人皆知彼為拆白黨，苦勸純純不果。後白鳥患絕症肺病，純純痴心，不肯捨離。白鳥死後奉上唇吻，思念不斷，正合易安居士詞意：「吹簫人去玉樓空，腸斷與誰同倚？一枝折得，人間天上，沒箇人堪寄！」日夕傷懷，酒無人勸，醉也無人管，後亦感染肺病而歿，年僅二十九。「雨夜花，雨夜花，受風雨吹落地，無人看見每日怨嗟，花謝落土不再回……」鄧雨賢、純純，皆薄命人也！

臺灣歌謠之父鄧雨賢

私贈餘桃早已有

港人多知有梅豔芳，而不識梅蘭芳，惟年逾六十者，多聞梅老闆大名，彼是梨園界天王，名滿大江南北。童年時棲上海，外公是戲迷，崑、京、越、申，無有不喜，而最痴迷京戲，曾言「看球看李惠堂，聽戲聽梅蘭芳。」三歲孩童哪懂，好看六齡童打白骨精，梅蘭芳、程硯秋、尚小雲、荀慧生四大名旦，小鬼弗曉得！五一年某天，外公帶我逛大世界，邊行邊說：「聽說梅老闆今天要來，我們湊熱鬧去！」到場，人山人海，等了半天，影兒也沒有。外公失望而回，我站得腳瘦，心裏嘀咕：「甚麼梅蘭芳、梅老闆，你害得我好苦呀！」這是我對梅蘭芳的第一個印象，並不好。七十年代中期，為《大成》撰稿，寫「中日電影史」，方知日本人欣賞梅蘭芳，二四年「東寶」拍了梅蘭芳兩部紀錄電影《虹霓關·對槍》和《廉錦楓·刺蚌舞》，推崇備至，這引起我探討梅蘭芳世系事蹟的興趣。

現代潮流，同性戀興，可斷袖分桃這事，也非甚麼新玩意，遠的不說，清末民初風行甚烈，尤以梨園為盛。李蒪客《越縵堂日記》光緒三年十月九日有云——「前日大學士英桂之弟英樸，以江蘇糧道督運至京，邀步軍統領榮祿及左右總兵成林、文秀三人夜飲。招霞芬等五、六人，達旦始罷。」將清季王公大臣玩戲子的情態，記得仔細，說得沉痛。文中「霞芬」，姓朱，名愛雲，是梅巧玲弟子。梅巧玲，字雪芬，梅蘭芳祖父，是當時四喜樂部頭兒。蒪客迷霞芬，誇他「盡態極妍，勝觀周昉畫美人矣」。徒弟如此嬌媚，師傅當然更了得，掌故名家芝翁說巧玲身軀細膩潔白，肥碩豐滿，表情善於忸怩，善演風騷戲，有言云「盤絲洞一齣，以梅巧玲最擅長，……他人不敢演也。蓋是劇作露體裝，非雪白豐肌，不能肖耳。……」由此可見，梅巧玲在當年乃一般捧客們徵逐的對象。巧玲有二子，大瑣、二瑣，皆攻花旦，沈南野力捧大瑣，讚曰——「既至則斂襟默坐，沉靜端莊，類大家閨秀，肥白如匏，雙靨紅潤若傅脂粉，同人擬以『荷露粉垂，杏花煙潤』八字，謂其神似薛寶釵也。」二瑣藝不如兄，寂寂無聞，二十餘歲夭折，梅蘭芳便是他兒子，有人說，梅老闆唱戲天份誠隔代遺傳，此言有據。滿清時，優伶有「西」、「南」之分，南伶北上，始於乾隆南巡。乾隆徵歌逐色，不惜違家法，回鑾時攜同大批江南佳麗，並選了一批江南俊秀兒童作御用伶官，稱謂「南府子弟」。嘉、道、咸三朝而至慈禧皆迷京戲，上有好者，下必迷焉，流風餘韻，形成畸形風流，因而有人認為「清之亡，始於乾隆而成於慈禧。」本來僅是戲，禍害不烈，壞在「淫亂」。清末民初做伶人着實不容易，「色藝」不必說，還得有一付下氣迎人的本領，既要應付權貴，也要敷衍地方惡霸，更不能得罪那些斗方名士，濃妝豔抹，易弁為釵，為那些老斗們清歌侑酒，摸摸捏捏，越出禮節，也是常有的事。《菽園贅談》說：「京師狎優之風，冠絕天下，朝貴名公，不相避忌，互成慣俗，其優伶之善修容飾貌，眉聽目語者，亦非外省所能學步。」淫風盛，衛道之士批之云——「夫訪豔尋春，男女狂浪，猶人情耳，若其兩雄相悦，私贈餘桃，齷齪無聊，直是市兒俗事。」你批你的，我斷我的，你奈我何？名伶難嫖，王公貴人、貝勒公子攻捧「相公」（面目姣好的雛伶）。據芝翁謂「梅巧玲少時傾倒過好些人，做了四喜部頭之後，自有徒弟朱霞芬們接手。」

迨民國十年前後，還有不少文士老政客迷戀「雄婦人」。儘管衛道之士痛斥淫風，雄婦人依然成市成行。「京劇」是博大高深的藝術，「三年出狀元，三年出不了戲子」，梅代祖孫，富正義感，賙濟好施，肝膽照人，傳承京劇，功不可沒。

梅蘭芳劇照

上海時代曲三大宗師

「毛毛雨下個不停，微微風吹個不定……」十歲時，家中黑膠唱片播放這首歌，我琅琅上口，劉達良叔叔曾在上海辦「梅花歌舞團」，告我「曲、詞均為黎錦暉先生所作。黎錦暉先生是一個了不起的大人物，沒有他，就沒有今天的時代曲，他是時代曲之父。」我記住了這個名字。黎錦暉湖南湘潭人，兄弟輩排第二，幼喜音樂，二十年代中期專事兒歌創作，著名的有《麻雀與小孩》和《三蝴蝶》。二八年始創流行曲，第一首是《毛毛雨》，由彼千金黎明暉主唱，迅即傳遍上海，繼而一曲《妹妹我愛你》，掀起時代曲蓬勃序幕。劉達良叔叔一提起黎錦暉，滔滔不絕：「我跟他是朋友，他搞『明月歌舞團』，頂呱呱！周璇、王人美、白虹、黎莉莉這班紅得發紫的歌星，全是他一手調教出來。」名字一大堆，我僅知道周璇，母親說她是一個苦命歌女，對苦命人，我格外在意。周璇的《永遠的微笑》，我愛聽，也會哼幾句。劉達良叔叔往下說：「除了歌星，黎二哥還栽培了作曲家聶耳、嚴華、黎錦光……」聶耳我管他叫四隻耳朵，他的《義勇軍進行曲》，雄壯高昂，振奮人心。小學畢業，懂字多了，翻看舊雜誌，方知道平日愛哼的《桃花江是美人窩》是黎二哥傑作，周璇、嚴華合唱，節奏輕快，母親常以查查舞姿和之，輕盈如燕。黎錦暉之後，最出色的當數他的七弟黎錦光，作品多，筆名夥，金玉谷、金流、李七牛……，不明所以的人還以為是其他作曲家。劉達良叔叔說「七哥作曲快而好，有時一曲作罷，只花十餘分鐘。」奇才也！

以論才華，黎錦光實在他胞兄之上，說得出的名曲，大半出自他手，隨手拈來，有《滿場飛》、《夜來香》、《香格里拉》、《採檳榔》，其中《夜來香》更衝出中國，遠渡日本，日本國寶服部良一稱譽《夜來香》

為「世紀之曲」。有關《夜來香》的創作經過，傳説頗多，我在〈我愛《夜來香》〉一文中曾這樣説過——「錦光創作《夜來香》本來是偶然有所衝動的。他在辦公室看窗外的夜色，月光如洗，月色皎潔，月下輝映，看還在盛開的鮮花夜來香，微風飄拂，花香透入靜靜的屋裏，錦光被這樣美好的景色沉醉了。他立刻動手寫出了一首抒情氣息很濃的曲子《夜來香》，同時也為曲譜寫出歌詞。」曲畢，本擬交周璇，後改由李香蘭演唱，箇中原委是——「一九四四年，李香蘭由東北來到上海，加入『華影』。有一天，她跑到『百代』準備錄唱片，卻在黎錦光辦公桌上發現了《夜來香》的曲譜，她拿起照着唱，一唱入迷，就懇求黎錦光給她唱這首歌。」李香蘭毛遂自薦，後來居上，憑此曲紅遍大江南北和東洋。

喜時代曲者，一定聽過歌仙陳歌辛作曲、姚莉演唱的《玫瑰玫瑰我愛你》，中國人喜歡，外國人也喜歡，改編成英文曲，唱遍百老匯。比起黎氏兄弟，才華卓越的陳歌辛是晚輩了，四十年代以降，所作歌曲，如《夜上海》、《永遠的微笑》、《鳳凰于飛》、《薔薇處處開》、《忘憂草》、《戀之火》，無一不是名曲。陳歌辛喜以曲配星，合作的歌星先後有周璇、龔秋霞、白光、李香蘭、姚莉，「用人唯才」是歌仙的座右銘。姚莉姐談《玫瑰玫瑰我愛你》——「陳歌辛的老婆叫金嬌麗，洋名 Rose，陳先生為了表達對愛妻情意，特意寫了這首歌！」陳歌辛中印混血兒，輪廓分明，玉樹臨風，顛倒不少女歌星，李香蘭戀彼最深。曲愈流行，禍害愈大，到中共執政，鋭意向「奢靡之風」開刀，黎氏兄弟、陳歌辛首當其衝，尤以歌辛先生於大躍進時餓死安徽最淒慘。今夜聽《戀之火》，潸然淚下！「百歲光陰一夢蝶，重回首，往事堪嗟。」馬致遠説得深透。

陳歌辛

黎錦暉 | 黎錦光

講古天王李我

三年前的一個上午，春雷剛歇，雨收雲散，朝陽初現，我趕到油塘上班，出了地鐵，在平臺上看到一個坐輪椅老人背影，有點眼熟，正想趨前細看，一位老婦已迅速將他推走。在回公司路上，我不時惦着那背影，真有幾分像李我叔啊！可仔細一想，似乎不大可能，李我一直棲居灣仔，怎會跑到遙遠僻靜的油塘邨？過了一段日子，看到報上訪問，才知李我偕妻蕭湘女士已移居油塘邨，跟我治事之所，僅數箭之遙。

我在八七年跟李我相遇，好像是作協聯歡，宴會散了，一群朋友餘興未闌，拉住李我跑到陸坤慈女士康山花園的幼稚園聊天。年輕人愛聽故事，纏住李我說故事，李我無奈地說：「我不彈此調已久，你們放過我吧！」老頑童譚仲夏促狹，用激將法：「李我叔！是不是年紀大了，講不來？」其時李我六十餘歲，跟老譚相彷彿，精神健，中氣足，聞言眉毛一抬，朗聲道：「阿譚！何須用激將法，要我李我講古，又有何難！」開腔講，說的是舊日廣州歌壇軼事，韻在回甘，軟同沾醉，三十餘分鐘，耳油盡出。距退休僅七年，雄風仍在，寶刀未老，眾人掌聲不絕，李我聞之，興致更濃，道出學藝生平，四個字：「融會貫通」，他說：「我無父無母無兄弟姊妹無妻，講故事，改藝名曰李我。」身世坎坷飄零，慈母受父騙，為父元配掌摑侮辱，憤而抱李我出走，自此顛沛流離人間，飽受煎熬，十三歲隨導演湯曉丹學寫劇本，替日後的天空小說打下紮實基礎。話匣子一打開，再難歇止，盡訴衷情。我請教李我如何能一人分飾多把嗓音？李我咭咭笑：「我阿媽唱粵曲，子喉、平喉都佳妙精絕，我跟住她學唱戲，花旦到丑生都演過，因而練成幾種聲音。」言畢，即轉為女聲，嬌如鶯啼，婉囀悅耳，不知情者，還以為是女人在說白。（註：講天空小說，除李我叔外，尚有塵叔「鄧寄塵」，不過塵叔的詼諧，有異於李我的倫理。）

童年時，家中裝有「麗的呼聲」，乃我日常娛樂，除了譚炳文、高亮的廣播劇，便是李我的倫理天空小說，女傭卿姐最迷李我，聽《故苑又逢春》時，淚下如雨，泣不成聲。一提「麗的呼聲」，李我勁道來了：「四六年我創天空小說，在廣州『風行』電臺廣播，街頭巷尾都是我的聽眾，不是李我叔瞎吹，月入驚人。我向有茶癮，最喜香港『陸羽』的茶，常常早上搭飛機到『陸羽』，喝罷茶，又原機回廣州！」（註：文壇前輩秋子乃李我小弟，告我李我坐飛機自廣州來港飲茶，僅止一趟。）那年代機票一張七百二十元，一斤大米僅四毛，七百二十，天文數字耳，我是揮霍兒郎，花錢如流水，自忖大有不如。錢既易賺，不吝花費，播音說古三十多年，李我始終未成巨富，僅堪溫飽，惟無後悔，生活平淡寧靜便可。老譚是導演，拍過一部膾炙人口的電影《金屋雙嬌》，夏萍、林鳳合演，埋怨寫劇本是苦差，李我聽了，嘿嘿笑：「阿譚！寫劇本有何難，我講天空小說根本無劇本，只有想好的一個簡單故事，開咪即講，邊講邊想，這樣就可連播數月未斷。」老譚駭得舌頭也縮不回。其時，我正在「新藝城」編《龍虎風雲》劇本，寫得時斷時續，苦痛萬分，於是下馬請教竅門。李我道：「沒甚麼竅門，要多看書，體驗生活，盡量觀察人家小動作，記在心中，此為編劇本錢。」他不諱言名滿天下的天空小說許多劇情皆來自個人經歷。我經歷少，老譚大意，寫起劇本來，自然寸步難移。講而優則演，參與電影演出，教我最印象深刻者是七歲時看過的《泣殘慈母淚》，吳楚帆、紫羅蓮合演，以之詢李我，依稀記得——「說到演戲，我哪能跟吳二哥相比，我是跑龍套！」呀！一向自負的李我叔也有謙虛的時候。一別三十年，相逢皆已老，人生多苦難，夕陽有餘暉，李我叔長壽！

講古天王李我

從金庸館說起

多年前，朋友茶敘，談文論藝，齒及金庸，說：「金庸盛名播天下，香港應該有表示！」於是議論紛紛，爭相表態，最後拍板——「何不建個展覽館？」有人熱情洋溢，拍胸挺肚：「包在我身上！」一包經年，樓梯響不見人來，此事暫息。兩年前，施仁毅兄告我「金庸館」在籌辦了，如無意外，一六年底可開放。聞言雀躍，香港又多一個賞文化的去處。去年年中，聽說工作有點阻延，開館未定，心想：千萬不要像咱友一樣拍了胸，肚子瘺！可幸萬事如意，金庸館鐵定一七年三月一日開幕，萬千金庸迷大可放下心頭大石。

館址設在沙田香港文化博物館內，佔地二千平方呎，朋友們嫌地不大，氣勢闕如，我勸說：罷了，罷了！香港今日尺土寸金，有立足之所，已屬僥幸，人不能貪，否則茲事體大。週二瀏覽一過，規劃尚算井井有條，展品一百組，包括小說各類版本、手稿、文獻、照片等等，另有專輯紹介金庸創業經過、撰寫武俠小說歷程和小說對香港流行文化的影響。然而「流行」這兩字，頗值得斟酌，籌劃者大抵不知道金庸小說早已超越「流行」範疇，日本《讀賣新聞》友人本池說過「查先生的小說，早是純文學而非大眾小說。」甚且將彼跟司馬遼太郎並列，足以說明金庸小說的內涵已不再局限於「流行」二字。早年內地選百年作家，金庸名列第二，僅次魯迅而在巴金、茅盾之上，因此，館方以之跟「流行」相類，並不恰當，值得深思。此外，大凡名家展館，當不乏私人物件陳列，以期體現作家的生活狀況，魯迅故居藏品最珍貴者是放在地下跟二樓亭子間木櫃裏、仙臺學醫時的醫療用具，聽診器膠管泛黃，滄桑翳深；另外那個用黑絨布包裹保暖的水杯，也象徵着當年魯迅生活的艱苦，連一個暖膽保溫杯也沒有，簡陋清貧，培育出一代文豪。館藏金庸私人物件有眼鏡、相機和圍棋棋盤，看到棋盤，不禁想起倪匡說過的那塊巨型棋盤，珍貴高雅而富歷史氣味，不知道可是那一塊？

名作家有展館或紀念館，並不稱奇，臺灣有雲和街梁實秋日式舊居，內存手稿三百餘通；陽明山有林語堂故居，九四年曾偕陳福霖博士、王鵬翔一起參觀過，寬敞的平房，白牆藍瓦，屋內布置半中半西，和融自然。各式藏品中，最教我注目的是那臺中文打字機，乃語堂先生晚年專心研究的成果，另外還有紹介先生事跡文字。魯迅曾罵林語堂倡幽默誤國，林語堂一笑置之，有人問他為何不像梁實秋那樣起而打筆戰？語堂先生笑說：「不還手便是回敬，無聲勝有聲呀！」這是先生的幽默，也是魯迅所缺者。

九八年，隔別四十六年，我重履上海，第一天趕去看「大世界」，翌日，行蹤便是虹口區大陸新村魯迅故居。樓高三層，書房連睡房在二樓，一張黑木書枱臨街放，枱上遺稿是《因章太炎先生而想起的二三事》，先生未完稿已逝。時黃昏日落，窗外鴉啼，我駐足案前，迷糊間，彷彿看到魯迅先生夜半伏案，左手夾煙，右手振筆疾書，歸後靜思，頓悟「睹物思人」之旨。要了解作家寫作生活，莫如重塑書房，金庸書房多而大，複製困難，無妨把南康大廈明報時代的社長室臨摹下來，室小而雅，不少名著如《天龍八部》、《笑傲江湖》、《鹿鼎記》都在這兒寫就，日月星辰，正是金庸花時最多的處所，彌足紀念。如今金庸已居九四高齡，偕夫人棲居香港半山，「消受白蓮花世界，風來四面卧當中」，與世無爭，逍遙自在，我輩所羨。（註：金庸已於二〇一八年十月底去世）

附記有二：其一金庸館開幕式有談金庸事蹟片段，芸芸友人中，獨缺倪匡、阿樂、蔡瀾，頗覺意外；其二，李志清的畫，剛健婀娜，極自然之致，為金庸館添色。

金庸館現在是香港文化博物館
的常設展館　圖為李志清手繪

費玉清的青雲路

「真情像草原廣闊，層層風雨不能阻隔，總有雲開日出時候，萬丈陽光照耀你我……」十多年前，偶然路過尖沙嘴橫弄，飄來陳怡作曲的《一翦梅》，駐足聆聽，步再開不了！旋律優美，歌詞雋永，難得是歌唱者的天籟妙音，是誰呀？不像青山，沒那麼柔潤；是謝雷？更不像，哪有如此軟綿！腦海裏七轉八彎，想不出有一個這樣的歌星。趦入小巷間唱片店老闆，答曰「費玉清。」費玉清是誰？我愕然！老闆一臉不屑地道：「怎會連費玉清也不知道，他是臺灣國寶！女有鄧麗君，數男的，就是費玉清。」如此相隔好幾年，認識了「小雲雀」顧媚姊，聊起男歌星，她說：「臺灣的費玉清很不錯。」這是我第二趟得聞費玉清之名，引起好奇，我跑到「裕華」買了他的專輯，內錄《一翦梅》、《夢駝鈴》，聽過一回，意猶未盡，再聽，仍未能已。費玉清的歌，音清腔潤，感人心脾，動人情趣，繞樑三日猶未去，歷久不散永在耳。從此成為「小哥」費玉清歌迷，嘗言「不聽演唱會，除非是小哥開的。」人云我痴，我痴有因。

費玉清（原名張彥亭）十八歲出道，參加「中視」「星對星」歌唱比賽，總決賽憑《煙雨斜陽》得第四名。這首歌聽過小哥唱，感覺比尤雅還好，緣何不入三甲，摸不着頭腦。臺灣鬼才大師劉家昌，收徒規則嚴，他回憶初遇費玉清——「那天我在電臺，費貞綾帶着一個小伙子來找我（註：費貞綾是費玉清的胞姊，那時已是薄有名氣的歌星主持，走性感路線，是男人偶像，如今出家為尼，法號恆述），開口說『劉老師！我這個弟弟唱歌有點天分，希望你能給他一個機會。』我打量着眼前的小伙子，眉清目秀，一臉雅氣，便答應了。進了試音室，我叫他唱兩句，費玉清張口便唱，我一聽，說『好啦！你走吧！』費玉清很愕然，看來他不知我是何意。走出門，費貞綾纏住我，聲聲乞求『劉老師！請給我弟弟一個機會吧！』我笑起來『我叫他明天來錄歌！』他的嗓音很特別，為臺灣歌壇所沒有，我斷定他會走紅。現在可見我沒看錯人，他是我男女徒弟中表現最突出的一個！」感謝大師沒走眼，否則哪有這樣好聽令人回味的歌？劉家昌話匣子一打開，就收不住：「哼！這個費貞綾好大胃口，隔了一個禮拜，又帶着一個小伙子來說是她二弟張菲，同樣要求我幫襯。呀！媽呀！出了啥個事，又來煩我，撵了他倆出門口。後來張菲當主持火了，我們重逢，我對他說『張菲！你得謝謝我劉家昌，當年我收了你，就沒今天的成就，你唱歌永遠唱不贏你弟弟！』張菲點頭稱是。」

「天籟妙音」也有失意時，八〇年錄《中華民國頌》，就碰了一鼻子灰。劉家昌以費玉清不能永遠唱情歌，要改一改，就請他唱旋律宏壯的

《中華民國頌》，本以為一兩個小時可竣工，豈料錄了大半天仍不如意。劉家昌憶往事，氣未消：「費玉清唱慣柔腔，去不上高音，《中華民國頌》要雄亮激昂呀！我看他不濟事，大罵他一頓，想不到費玉清竟然嗚嗚哭起來，一個大男人哭啥，我火了，罵得更厲害。費玉清不住哭，我一聽，有了！朗聲說『對了對了！你就用這把嗓音唱，大聲唱！』於是《中華民國頌》錄好，成為小哥傑作。」嗣後的《一翦梅》、《夢駝鈴》、《晚安曲》等，唱片銷量驚人，費玉清成為臺灣國寶。二〇〇二年，費玉清偕同蔡琴遠征神州，在上海大劇院演出「懷舊金曲夜上海演唱會」，此乃摯友吳思遠投資、設計、導演，轟動上海灘，自此，費玉清聲名大噪，近日更成內地歌唱界第一偶像。雖云資質超凡，戮力以赴，若無劉、吳兩位伯樂，安能步上中、臺青雲路！

費玉清演出照

批判村上春樹

二月二十四日，東京各大書店大清早人頭湧湧，啥事體如斯熱鬧？原來暌違已久的村上春樹又有新作《騎士團長殺人事件》開售，讀者餓書久，爭先恐後來搶購。據出版社云——「全書上下兩冊，共三十二章，原先安排發售一百萬冊，訂購熱烈，加印三十萬冊。」近年日本出版事業低迷，作家能有如此聲勢，怕只村上一人。銷售火，惡評多，書出不到一星期，批判聲起，右翼作家百田尚樹不滿村上在書中提到「日軍有進行南京大屠殺、日本應該向對方（中國）不斷道歉」等言論，直斥其非：「村上是多想要在中國賣書？還是想靠中國，藉此贏得諾貝爾文學獎？還是只是個笨蛋？」百田尚樹是死硬派，從不承認「南京大屠殺」，村上冒不韙，當是大忌，加上近年日本人對內地中國人的仇視，村上遂成肉中刺。日友市橋，家居秋田，他說：「中國人很麻煩，整天在街上呱呱叫，吵死人，他們還——」拾起枱上的花生殼作勢往地下扔：「扔得滿街都是，我們不歡迎他們來。」日友清水這樣說：「那班中國流氓跑到新宿歌舞伎町滋事，把日本的任俠主義破壞無遺。」中國人打破日本暴力團常規，遂不滿村上在新作中為中國發聲，萬箭穿心，必也。

到底村上在書中寫了甚麼？不妨看看——「所謂『南京大屠殺』，日本軍隊在激戰告終時，佔據了南京市，在那裏進行大量殺人行為，殺跟戰鬥有關的人，也有在戰鬥結束後殺人。日本軍隊沒時間管理俘虜，因而大量殺害軍隊和市民。到底殺掉多少人？歷史學家都有不同說法，總言之是殺了不少人民，這是不爭的事實，有人說中國人死了四十萬人，也有說是十萬人，但是四十萬人跟十萬人又有甚麼分別呢？」看在右翼派和頑固派等人眼中，媽的！那還了得？反啦！長期以來，就有不少日本學者全盤否定「南京大屠殺」的存在，七十年代，學者鈴木明在

《南京大屠殺之虛幻》一書直指「南京百人斬」純屬虛構。九〇年作家石原慎太郎稱——「人們所說日本人在南京搞了一趟大屠殺，但那不是真的。」一名古屋市長河村隆之算是說「人話」——「沒大規模殺人，只有小規模的殺戮。」

今年一月，APA 集團旗下酒店被中國遊客指責擺置否認「南京大屠殺」書籍，消息在網上廣為傳播，引起大陸社會公憤，發動類似杯葛「樂天」事件。APA 總裁元谷外志雄不憤力抗，在右翼論壇上矢言「絕不撤書」，並拒絕內地遊客的入住（註：港臺旅客不在此列），由是其他否定「南京大屠殺」的聲音更盛。濁中有清流，《朝日新聞》名記者本多勝一的《中國之旅》表明確有「百人斬」事件（註：兩名日本軍人在南京屠城前夕，以誰先殺滿一百名中國人為勝者的比賽），並言明為最高統帥松井石根所默許。幽谷清音稀，滿山獸吼響，近年，日本右翼反中國已成風潮，際此時刻，村上寫出支持中國一貫論點的新作，焉能不掀起群眾戟指怒罵？有人甚至說要將村上的書扔掉，今後不看，負面的反響，出版商不禁皺眉。

為要扳倒村上，不少人翻舊賬——為甚麼村上屢屢得不到諾貝爾獎？評論家小谷野敦表示這跟作家的政治立場有關——「諾貝爾獎評委會多少有左傾思想，這關係到政治立場，美國第一位獲獎作家辛克萊·劉易斯本身便是社會主義者，在豐於才而嗇於遇的村上春樹君作品裏並無鮮明左翼色彩，這又如何能博得評委會歡心。」批判雖自四方八面飛來，紀伊國屋書店在村上新長篇小說首發前兩天，就出售了上下冊共一萬五千本，新作一如往昔躍居日本暢銷書排行榜「頭牌」，謎一般的村上春樹依然是萬人迷。面對洶洶崩崩群情，村上毫無怯意：「請把我想成瀕臨絕種動物西表山貓，遠遠地、默默地觀察我就好，隨便碰觸我，我可會咬你。」笑罵由人，我行我素，壯哉！

《騎士團長殺人事件》預售海報

別矣！小咪姊！

先是老歌歌迷會的 Eric 君來電問李麗華女士仙逝之事確否？繼而友人傳來新加坡管雪梅女士的記事，證實李麗華已在三月十九日凌晨安然去世，至此香港各大報章陸續發表噩耗，老影迷們同掬一眶眼淚。老大哥翁午今年八十，見過李麗華，也在微訊朋友圈發佈消息，看到後，致電翁午，他欷歔地說：「人老總歸走這條路，九十三了，夫復何求！」問緣何得識李麗華？他道：「我跟她拍過一部電影！」哇塞！這麼棒！往下說：「那是《誤佳期》，黑白電影，我十二三歲，當個茄哩啡，有幾場戲跟小咪姊同場。」《誤佳期》是「龍馬」影業公司一九五一年的電影，朱石麟導演，李麗華、韓非合演，翁午在電影裏飾演一個喇叭手，個子小小，吹大大喇叭，形象滑稽。翁午健談，話匣子打開，滔滔不停：「這電影有濃烈的社會主義味道，講團結就是力量，迎合當年左派路線。」李麗華四八年來港，加入「長城」，許多人誤以為「長城」是左派電影公司，實則不然，主政者張善琨，是上海孤島時期的電影大亨，聰敏絕頂，主意多多，人稱噱頭大王，思想右傾，表面從川喜多長政合組「華影」，暗通重慶，光復後，被目為漢奸，查明事實，回復清白，挾資南下香港組「長城」，並無左派色彩。後與袁仰安意見不合，離「長城」另組「新華」，自此「長城」左傾，小生傅奇，花旦夏夢，名重一時。

我無緣目睹李麗華風采，問為人何如？朗聲道：「小咪姊可沒架子，談吐蘊藉，為人和氣，我在永華片場做錄音，小咪姊來拍戲，見到我，總愛跟我聊，她一口正宗京片子，我也是這個腔，特別投契。」我好奇問：「翁哥！李麗華漂亮嗎？」翁午回道：「在我眼裏，漂亮，面如滿月，膚若凝脂，廣東人說『一白遮三醜』，西城！你明白的！」肌如雪，膚似棉，這樣的女人哪能不美！閉上眼，小咪姊的花容月貌立時浮現眼前。想起《楊貴妃》中的華清池出浴，雲鬢惺忪，輕紗籠體，身段玲瓏新浴後，淡脂殘粉不成裝，別饒風韻。李翰祥誇她道：「小咪姐是我前輩，能導她的戲，乃我畢生榮幸，女明星中論風韻、演技，無人能及。」李翰祥說李麗華雖然紅，拍戲從不遲到，總是早到，尊重導演，友愛同事，沒大明星架子。翁午聊起小咪姊，住不了口：「我老爸跟小咪姊關係不比一般——」一聽，愣住，莫非內有蹺蹊？往下聽吧！「小咪姊那時候拍電影賺了不少錢，收入豐，稅局自然盯上她，她不懂報稅，碰巧老爸有個朋友是會計，於是幫上忙。我每年總有一趟跟小咪姊吃飯，老爸帶去的。」呀呀！這關係可真不比尋常呀！本報娛樂版提起前年李麗華獲頒金馬影展終身成就獎的往事，看了感觸，原本該是那年四月香港金像獎先頒的，囿於人事遂告廢。金馬展由成龍跪地頒獎座與李麗華，李麗華心情緊張，手軟無力，成龍從旁幫一把，為她舉起手致謝。其時，長青樹小咪姊已不善言語了。會後，李麗華歡宴眾人，列席有李行、吳思遠、李安、孫越、楊凡等人，那是李麗華最後一趟公開露面。小咪姊去世後，千金張女士告吳思遠亡母因彼之力獲頒兩個終身成就獎，心願已了，再無遺憾。老影迷徐靈撰悼聯云：「麗質天生銀海揚名，華氣別具紅塵留影」，不計工拙，確切。

麗質天生銀海揚名，
華氣別具紅塵留影

《輪流傳》緣何不傳？

八〇年，《京華春夢》竣工，創作組頭領鄧偉雄下令籌拍八十集長劇，此即《輪流傳》。監製甘國亮，因先前小品《山水有相逢》，收視看高，口碑亦佳，乘勢進攻，務求打壓步步進逼的友臺「麗的」。創作組同寅接到「柯打」，乍喜乍驚，喜者能與「鬼才」甘國亮合作，驚者怕難磨合，蓋先前跟甘先生合作過的同事「feedback」，此君頗難侍候，一逕求完美，不易相處。有人向鄧偉雄申請免役，Dee 哥（鄧之暱稱）一貫騎騎笑：「不用怕，有我。」繼而一挺肥肚腩以示支持。阿頭一句話，疑慮盡消除，無人開缺，扛筆上陣。

Dee哥點指兵兵，起用愛將陳翹英（《上海灘》策劃）當劇審、岸西女士出任劇本統籌，至於故事一職，不知怎地落到我頭上。為配合甘大師出擊，編劇盡屬精英，計有杜良媞、陳方、譚嬣、李茜、方令正，四女一男，明顯迎合甘國亮旨意，女性為重。至於製作部方面，也是大將傾巢而出，行政戚其義，編導鼎盛，杜琪峰、霍耀良、伍潤泉、林權、賴建國、徐遇安、陳鴻楷，其中尤以杜琪峰導了紅劇《京華春夢》，人氣高漲（其時王家衛只是徐遇安的助導）。演員方面，五大花旦鄭裕玲、李司棋、李琳琳、森森、黃韻詩攜手，五大小生鄭少秋、石修、林嘉華、黃錦燊和林子祥助陣，星光熠熠，誰與爭鋒！僅看編、導、演陣容，TVB明顯要一挫「麗的」鋭氣，盡舒積悃。當年最欣賞甘國亮者莫如製作重臣劉天賜，彼喜甘君才華，認定監製長劇必能超塵脱俗，一新耳目，他曾對我説：「甘先生監製，必是好戲。」於是編導、編劇，人人抖擻精神，信心十足。凡籌拍長劇，必先度故事，此為我之職責，我卻不用耗力，原來甘先生早有腹稿，開會時提了出來，一看大綱是五個女性故事，通過伊等喜怒哀樂反映三個年代（六〇、七〇、八〇）的變遷，氣魄宏大，意境深邃，可比日本「大河」劇。既有腹稿，我這個「故事」不難當，搬字過紙，然後分發給各編劇可矣。杜良媞、譚嫆、李茜眾小姐故事到手，即按內容編撰，都是工廠熟練技工，一個星期起貨五集，交陳翹英審閱，再轉Dee哥覆批，一看沒問題，OK！呈奉甘大師，屏息候佳音。

杜良媞是老朋友李文耀之妻，早於七〇年便相熟，關懷進展，問阿嫂寫得怎樣？她眉頭一抬：「很好，蠻順利哩！」再問李茜妹、令正弟，答覆一樣，陳翹英跟我遂信心滿滿，了無牽掛。孰料事隔兩天，傳來噩耗，甘先生直指頭五集劇本寫不出他原意，要自己操刀重寫，編劇小姐、少爺一聽，臉色刷青，自忖寫得不俗，怎地不教人滿意？爭相詰問陳翹英，丈八金剛摸不着頭腦，終鬧到阿Dee那裏，亦無濟於事，於是頭五集由杜琪峰執導的劇本全出自甘先生一人之手。好了！頭五集不滿意，後五集如何善後？編劇們鬧情緒，邊寫邊嘀咕，甘先生只好獨挑大樑，夙夜匪懈，孤軍作戰。人乃血肉之軀，要一併兼顧編、製兩職，談何容易，劇本進度慢如蝸牛，加以《輪》劇場景多，甘先生要求嚴，許多佈景趕搭不上，幕後人員叫苦連天，偏巧此際，友臺覷準機會，推出馬雲原著的《大地恩情》，誠如劉老師家傑報新聞所說：「千帆並舉，狂風掃落葉」，「麗的」收視跟「TVB」扯成平手，此乃開臺以來從未發生過的事兒，哇！不得了，人心惶惶。高層開會，認為支撐不下去，決定「壯士斷臂」，腰斬《輪流傳》。多年以來外界揣測《輪》劇腰斬原因在於收視低，實非主因，《輪》劇無以為繼，主要是劇本接不上，佈景趕不來，雙重夾擊，緣何再能傳！通過《輪》劇，深明「同舟共濟」的重要，任何事，過剛必斷，《輪流傳》囿於偏執，夭折壽終，往事皆空，三十多載，總成一夢！

輪流傳
輪流轉，幾多重轉，循環中，幾段情緣……
完整結局，足本呈獻！
Five Easy Pieces
數碼修復版
TVB
監製：甘國亮
演員：鄭少秋　鄭裕玲　李司棋　石修　森森　李琳琳　黃韻詩

近年推出的《輪流傳》數碼修復版

王亭之跟我譯俳句

丁巳年秋（一九七七年），天已陰涼，披上外衣仍覺微寒，談錫永（王亭之）笑說「秋風起，三蛇肥矣！最宜吃蛇！」談君南海漢人，八旗鑲白旗世家子弟，生於官宦，自小懂吃喝，我們一眾人，黃俊東（克亮）、莫一點要尋美食，皆以他馬首是瞻。那天一行人往統紗街拜訪畫家蕭立聲先生，蕭先生擅繪佛，佛相莊嚴，栩栩如生，我們敬慕不已。到了畫室，蕭先生熱情款待，看畫、品茶，其時我尚年輕，中華文化一知半解，聽蕭、談對談，哪有插嘴份兒。兩人閒話，滔滔不絕，我才驚訝於談兄的淵博，原以為只懂禪詩，真是小覷了他。臨別前，談錫永技癢，鋪宣紙提湖筆，寫一聯贈我，聯云——「闗情風月　琦樹蒹葭」，將我名字「闗琦」嵌在其中。得識談錫永，很偶然，七五年始，我陸續在

《明報月刊》譯寫有關中日文化交流稿件，每屆月中，得上報社交稿，某日剛進門，瞥見一個中年男人正坐在一邊跟黃俊東聊天，身形不高不矮，方臉鼻挺，隱隱有一股剛毅正氣，俊東作介紹「談錫永先生！」一聽，呆住了。他是談錫永？知道這個名字，緣於他《明月》裏的禪詩，短短幾句，寄託遙深，諫果回甘。想像中寫此詩的人必是清瘦帶仙氣之相，實則不然。談錫永彷彿也知道我這個人，問：「沈西城！你很懂日文？」問得率直、坦白，我有點窘。我的日語，僅一般，談不上好，坦白從寬，告以習日語不到兩年。談錫永哈哈一笑：「這很難得了！」那天，咱仨到報館對面的「吉祥」茶室喝下午茶，三人對着坐，兩人成聽眾，談錫永一談詩，叨個沒完，俊東跟我都震懾於他的博學閎肆。彼於駢散古文、詩、詞、曲無所不通，而又及琴棋書畫、醫卜星相。俊東精五四作品，我略懂近代日本文學，相比起來，小巫見大巫。

嗣後，我跟談錫永常有往來，他喜品茗，多挑北角「北大」，偶然喝咖啡，不為他所喜。有一天，他問我可讀過日本俳句？這可對口了，我回道：「唸過，這是由十七字、音組成的詩，早見於《古今和歌集》，盛於江戶時代，最著名的是《好色一代男》井原西鶴，從談林派西山宗因習俳，盡得所傳，創『矢數俳諧』（吟俳句比賽），一時風靡士林。因其俳句入俗，被譏為『阿蘭陀流』（大眾派）。」談錫永一聽，藏在眼鏡後面的雙目亮起來，有點詫異道：「沈西城！你還真懂呀！我只知道松尾芭蕉和小林一茶呀！」松尾比西鶴年輕兩歲，彼之俳諧，藝術性高，格調亦雅，三十三歲喪妻時，吟了一千句俳諧，兩年後，復於大阪生國魂神社一晝夜吟出一千六百句，成為當時吟俳句比賽新紀錄。不僅此也，四十五歲時，在攝津住吉神社一晝夜再唸出二萬三千五百句，人稱「二萬翁」。一晝夜唸二萬三千五百句，粗略一算，一分鐘便是十六句，思路之快，彌足駭人。我愈說愈興奮，不知已踏進談錫永圈套，他即提議翻俳句：「沈西城！你譯，我註，可好？」雖乃難事，無異議，立刻跟《星島晚報》綜合版胡爵坤先生聯繫，他頷首贊成，於是就有了「俳句拾櫻」的欄目。玆錄一則：「飯田蛇笏：生命已到盡頭、便藥香、也寒傖地遠去。松尾芭蕉：蹲下去、藥香之下、清寒。談錫永批註曰：飯田的俳句，寫於病友彌留之際，其意境一若芭蕉那首，只芭蕉有意寫得玄一些。」再錄一則：「久保田方太郎：枯黃的草野、一直延綿到、走廊盡頭。小林一茶：一路鋪到門邊、都盡是、枯草的原野。談註曰：有時不同的俳句家，會寫出抽象與意境都全同的作品，這兩首即是一例。」俳句諧講究句短意長，參雜幽默，跟禪詩相彷彿，正是亭老意趣。四十年前的舊事矣，回想起來，一如夢影，遠棲多倫多的亭老可還記得小老弟？

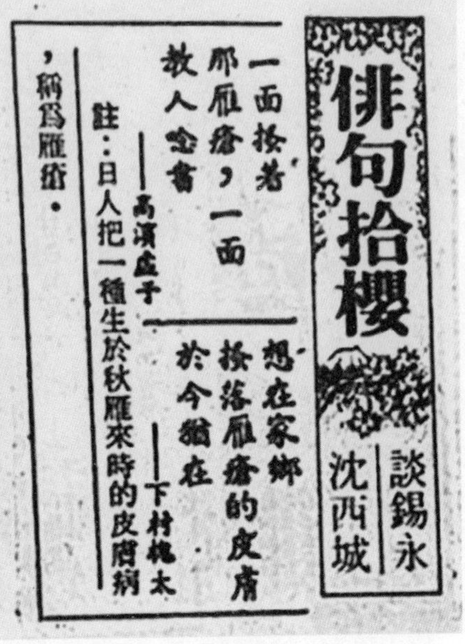

俳句拾櫻

談錫永　沈西城

想在家鄉
搔落雁瘡的皮膚
於今猶在。
——下村槐太

一面搔着
那雁瘡，一面
教人唸書
——高濱虛子

註：日人把一種生於秋雁來時的皮膚病，稱爲雁瘡。

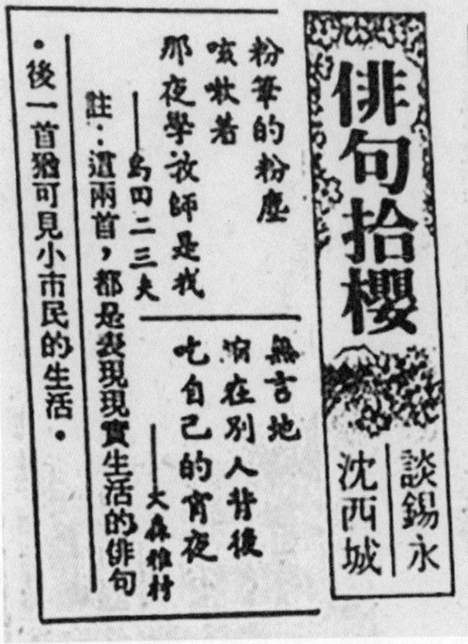

俳句拾櫻

談錫永　沈西城

無言地
宿在別人背後
吃自己的宵夜
——大森雅村

粉筆的粉塵
咳嗽着
那夜學教師是我
——島田二三夫

註：這兩首，都是表現現實生活的俳句，後一首猶可見小市民的生活。

俳句拾櫻

遇人不淑最堪憐

女星遇人不淑，今昔皆有，先說昔，後道今！一九三五年三月八日滬上紅星阮玲玉自殺，全國哀悼。據報，阮玲玉是在八日凌晨三時左右用一碗麵夾着大量安眠藥片自殺，送院急救，醫生將伊裸體浸入浴盆搶救不果，香消玉殞。三月十四日出殯，上海擠滿觀看的人，靈柩卜葬於閘北柳營路聯義山莊，享年二十四歲，天妒紅顏，自古皆然。阮玲玉出身貧苦，陳定山先生記曰「年輕時跟她母親在上海一家姓張的住宅作女傭，被少爺看上了，經過一番追求，兩人便在外共賦同居。誰知，張家少爺達民是個不務正業的傢伙，正如現在的阿飛們，整天在外胡混，使到阮玲玉的生活也發生問題。在偶然的機會下，她投進了電影，誰知很快便竄紅，因此更令張少爺經常返家撾金龜（榨錢），阮因此便和他分居，其後認識了唐季珊，而因此就惹起外間指她貪慕虛榮。在不堪打擊之下，阮玲玉便服毒喪生了。」阮玲玉死後，留下遺書三通，交代求死真相，一封指控張達民是殺人元凶；另外一封，流傳最廣，便是——「唉！我一死何足怕，不過還是怕人言可畏了。阮玲玉絕筆。」今人說阮玲玉，只感嘆於她的薄命，實則更可悲者是「遇人不淑」。

「金嗓子」周璇小阮玲玉十歲，同樣早夭，三十七歲時便去世。周璇比阮玲玉更紅，歌影雙棲，一部《馬路天使》，轟動全國，一曲《何日君再來》，聞名天下，直到今日，也難有女星能比擬。可她命運坎坷，本生於書香世家，卻被舅父拐賣到金壇縣，自此跟親生父母失散。六歲為上海周家收養，改名周小紅。如今說周璇踏入娛樂圈，得力自黎錦暉的「明月」歌舞團，實則不然，周璇初露頭角，始於陳定山的李樹德堂電臺，三五年，話劇名宿陳大悲倡觀音戲（即播音話劇）《紅花瓶》，定公記其事云——「其時王人美、白虹、胡茄、黎莉莉已為四天王，每天在我家裏翻筋斗、唱歌、彈琴、吃糖炒栗子，但無一人合於觀音戲者。於是求之於老畫師丁悚，丁悚說：『有一個鄉下女孩叫周璇的，倒很可以造就，要不要讓她來試試？』第二天，周璇就到電臺來了。她是一個十五歲的小姑娘，頭髮齊齊的剪成同花頭，面孔黃黃的，很瘦，兩隻大眼睛，閃閃地像兩顆黑寶石，倒非常可愛。拿了一本黎錦暉的歌譜給她，她選了一支《可憐的秋香》，大悲彈動鋼琴，她只唱了一句，大悲搖搖頭說：『這音帶太低了，恐怕不成。』丁悚說：『不然。播音用不着高聲帶，我在百代灌片，有此經驗。而且你是觀音戲，不是唱歌，她的磁音很美，一定收效。』大悲又問我要了一張『無敵牌的廣告』叫她當報告員。播了三天，反應來了。都說這個報告員是誰，聲音好美呀。所以說，電臺上的女報告員是從周璇開始的。」從此周璇由電臺播音漸跨到歌星首席，進而奠定紅星寶座。可以說丁悚、陳大悲是周璇的伯樂，可大悲從無私人提及，周璇也沒向人提起。抗戰時陳大悲窮愁潦倒，客死武漢，那時周璇正跟陳雲裳、李香蘭拍攝《萬世流芳》，鋒芒畢露。女徒成名，老師客死，悲哉！

周璇有四段為人所知戀情，初嫁「桃花太子」嚴華，離異告終；後與喜劇聖手石揮相戀，其情不長。四十年代中周璇上海、香港兩面走，結識拆白黨綢緞商人朱懷德，慘遭騙財騙色，精神大受打擊，五一年夏天在上海拍攝《和平鴿》，精神病突發，入虹橋療養院，六年後康復出院。其間又戀上美工唐棣，惜唐君遭控判刑，周璇健康日壞，五七年九月二十二日因急性腦膜炎去世。（註：一說周之死實是服用抗精神藥物引起副作用所致。）昔阮、周兩大紅星，同受男人之苦，以論今日，吳綺莉當為代表。九十年代末，戀上一個不該戀的成龍，生下卓琳，十八年來一手撫養，近日母女反目，吳被捕，女失蹤後入院，生活顛困，卻又得不到成龍半點援手，正是：遇人不淑最堪憐，一生猶如火中蓮！

阮玲玉（左），周璇（右）。

百變惠英紅

「我一個人匿埋喺間房成個月，唔沖涼、刷牙、洗面，淨係攤喺張床度，避開曬屋企人。」三屆影后惠英紅多年前向記者透露罹患抑鬱症的經過，嚴重時，想過自殺，幸而臨崖勒馬，不然咱們看不到她精湛內斂的演技。今屆金像獎，有幸做評委，在最佳女主角一欄上，毫不猶豫填上「惠英紅」，對手不弱，我總認為小紅能脱穎而出，為香港電影爭光。她也不負眾望，登上影后寶座，致辭説要把這個獎獻給天上的母親，過去因為不懂母親的苦而忽略了對伊的關懷。説到激動處，梨花帶雨，杏臉沾濕，我幾乎也流下淚，同情固然有，感觸最致命。

家母同樣患上「腦退化症」差不多有十年了，記性愈來愈差，目前幾乎連我是她的兒子也記不起。女兒好謔，指着我問「嫲嫲！他是誰？」母親瞇着眼睛，打量我一下，久久未語，正當以為她說不上了，忽地迸出一句：「呀！我認得他，是我弟弟！」女兒跟我都笑起來，笑中帶苦有誰知。母親的確有個弟弟，三年前因病走了，我同女兒到靈堂拜祭，舅母關懷：「大姊怎樣啦？」女兒回答：「甚麼也不知道，每天坐在床上，讀報，看電視，吃飯，睡覺。」看後即忘，進食不知溫飽，我從沒想過精明能幹的母親會變成這個樣子，黯然、難過，有啥用！我秉傳母親的聰穎，那麼可有遺傳她的痴呆？不願想，也不敢想。腦退化聽來可怖，其實也有好處，便是不存記憶，可坦然過活，發生在周圍的撕裂、衝突，不再刺痛母親，每天過得寧謐安逸，福分匪小。小紅不住埋怨疏忽了母親，深深自責，我何嘗不然，有過一段時期，我害怕見母親，她總戟指罵我年輕時頑皮，不聽她話，思想雖混亂，仍記得四十多年前我忤逆她意，要結婚不進大學，因而對我的恨，始終根留腦海。

我以前脾氣躁，忍不住回敬，母子爭吵是常事，難為女兒權作魯仲連。今日我快到七旬，悟了，醒了，明白母親的劬勞和期望，我既沒報答她的劬勞，又辜負她的期望，怨我，恨我，理所當然，幸好女兒為我成全她的心願，大學畢業，得了個博士，可惜母親如今已半夢半醒，不知世事了。

回說小紅，我並不認識，倒是她哥哥惠天賜，喝過酒，聊過天，是一個爽直的漢子，少年時好打不平，相逢在中年，火氣仍盛，問起其妹，小四道：「我們兄妹關係好疏離，很少很少見。」一二年，小四無故病逝北京，酒友們心傷，少了個談得來的酒搭子。小紅出道早，初受知於張徹，後為劉家良相中，邀拍《長輩》，一鳴驚人，獲頒「影后」，年僅二十二，少年得志，羨煞旁人。伊曾學京戲，身手好，當「打女」天衣無縫，自此成為武俠電影的女角。小紅性倔強好變，時有驚人之舉，當人人以為是武后，她卻易身尤物，八六年為《花花公子》中文版拍攝全裸寫真，以巴黎作背景，洛陽紙貴，轟動出版界。當年《花花公子》的主政鄭經翰，出手素闊綽，指示攝影師跟小紅洽談，花費不拘，務必拍好寫真。這寫真我看過，玉體橫陳，面泛桃花，嬌憨而媚，一時出水芙蕖、麗映朝目，轉瞬板橋風月、楚楚可憐，哪有半絲「武后」氣味？至此方知伊乃百變女郎。可年到四十，逃不過傳統女性的「心魔」，不能面對老之將至，患上抑鬱，糾纏五年，復出，努力不懈，終憑《心魔》奪最佳女主角，贏得性格演員名號，自此再度活躍影壇，抑鬱消除，神采飛揚，今屆又藉《幸運是我》三奪后座，小紅高舉金獎，泣道：「媽！我沒讓你丟臉，我對得你起！」蓼蓼者莪，匪莪伊蒿，哀哀父母，生我劬勞。劬勞已報，小紅無憾！

惠英紅藉《幸運是我》三奪后座

林沖有說不盡的感恩

林沖八十三歲了，真的看不出來，近瞧，有點老，遠看，依然帥，得天獨厚，上帝寵愛，易言之，他是「凍齡專家」。五十年前，當所有臺灣女歌星仍然靠搽面霜護膚，他已懂得做「面膜」，女星貝蒂說林沖愛美，有次到他家，門開，綠臉漢子對面照，嚇個半死，方知世上有「面膜」。創舉何只一樣，奔放佻脫臺風，亮閃白羽戲服，無不是林沖打東洋引進，本身是日本大學藝術系影劇科的高材生，又在「東寶寶塚」劇場演過《香港》，深染演藝風，不覺就將藏於心中的東洋特色歌舞技藝，在闊大華麗的舞臺上展演出來。臺灣劉文正、香港羅文、張國榮，無不受其影響，都成為林沖第二。

六十年代末，鳳三哥跟我共樽前，談到漂亮男藝人，三杯黃湯下肚，聲如洪鐘：「小老弟！今昔中國影壇、歌壇，我看男明星第一是謝賢，男歌星，就是林沖。」六十年代，謝賢大紅大紫，英俊外形，瀟灑風度，是千萬女影迷狩捕的對象，香港、臺灣國語電影的俊朗小生皆給他比下去；而林沖，此時正自寶島來，獻歌夜總會，不一時，哄動全城。華燈甫上，車馬絡繹，北里嬌花、當朝金粉、閨秀名媛，蜂擁而至。夜總會內，座無虛席，立無隙地，林沖一聲「鑽石鑽石亮晶晶，好像天上摘下的星……」序幕掀起，掌聲雷動，我廁身其中，手掌拍得紅腫，李茵姊問少年的我：「林沖帥嗎？」我猛點頭：「帥帥帥！帥得過了頭！」茵姊笑了，如春天的花兒。林沖來港，宣傳統由「最美麗的娛記」李茵包攬，穿梭各大報章、雜誌、電視，為林沖造勢，牡丹有綠葉，俊男有美女，林、李配，打響勝利鑼鼓。鳳三哥是填詞名家（《今宵多珍重》即出自他手），諳時代曲，豎起拇指道：「林沖一來，青山、鮑立無光矣！」

古有潘安，擲果盈車，今有林沖，堆金滿枱。風流貴婦、舞國名雌，每夜據桌力捧，只要林沖來坐，枱上名錶、鑽戒、寶石，任他取。林沖無奈説：「我是歌星，吃四方飯，總不能拒人千里啊！飯局真的多，我也不好亂去，歌迷們太熱情了，我感謝！」笑容滿臉，合手致謝，真摯坦誠，卻是殺人的刀，嬌娃們醉了、痴了，拜倒彼之雪白長褲下。林沖狂風席捲港臺，迅即飆至東南亞，七十年代初，到馬來西亞、印尼登臺，豔史奇夥，當地第一名媛請飯，條件任彼開，只求一席娛。林沖風流不下流，婉言拒之，寧可自食其力，那不是傻，那是智慧！林沖素性感恩，幫過他的人，永誌不忘。恩人不復少，第一位是「東寶」菊田一夫，一眼相中他，捧他做明星，林沖是第一個踏上「東寶寶塚」舞臺的中國人——「不要説中國人，就是日本人，也難上這個舞臺，即便給挑中，也有可能是路人甲或路人乙，總言之，可以上臺，就是無上光榮！」憶前塵，猶興奮。《香港》一劇成功，林沖當上明星，跟寶田明、尤敏合演《香港之星》、《香港．東京．夏威夷》，不到三十，已成紅星；

其二便是李茵，沒有她，難於短期內橫掃香港歌壇。今月十五日，我重遇林沖，提起李茵，他臉上綻開笑容：「哈！對對對！茵姊！」對她仍未忘情。告訴他五十年前曾聽他唱歌，他握住我手：「我們是老朋友了！」隨即用日語交談，他關東，我關西，是一家。幾年前林沖患前列腺癌，發現時已是第三期，來勢洶洶，他嚇了一跳，對醫生說：「醫生！我不能死，我還有許多事未做完呀！」挺起胸膛，跟病魔搏鬥，過了一段日子，一向寡言的醫生笑對他說：「林沖！你的癌細胞消失了！」天哪！幾百個人當中，只有一兩個人有這樣好運，這趟真的要對醫生感恩了。今番來去匆匆，臨別互通聞問，林沖說明年會來香港開演唱會，八四高齡有餘力，再闖舞臺展新姿！

林沖早年照

悲情王子金正男

七十年代在東京習日語時，同班有不少南韓同學，戟指大罵朴正熙獨裁，他們傾向北韓金日成，讚揚他搞偉大革命，解放勞苦大眾，我跟臺灣同學林原一眾聽得骨骨抖，甚麼屁理論？雙方蹩腳日語激辯，終釀武鬥——港臺 VS 南韓，結果倖勝。臺南胡君八極拳高手，光他一人，已撂倒三個跆拳黑帶。武鬥結果，沒成仇，反走近，方知朴正熙專權、霸道，中飽私囊，人民多恨之。我對金日成認識不深，總認定他是北韓毛澤東，金日成不是暴君是啥？港臺、南韓同學同枱坐，杯酒和議，相傾肝鬲，縱言無忌，結論是：朴、金誠屬同路人。中國人講究遺傳，金日成兒子正日、孫子正恩都有他的專橫性格，不獨體現國內，國外亦復如是，金正日只要經濟下坡，就展武嚇，跟英、美伸手要錢，你給，他退；不給，恣意邊界滋事，小小金正恩登基，變本加厲，勒索手段，青出於藍，動輒搞核試。世人倡無核化，北韓逆天而行，哪還了得，齊聲撻伐，可小胖無懼，「小肚腩」一挺——「干你屁事！」罵歸罵，試還試，反正奧巴馬爸爸心慈手軟，譴責只是門面功夫。

小花花公子狂，美國老花花公子更狂，甫上陣就要給小胖臉色看，豈會就範，負隅頑抗，南北韓局勢頓吃緊，專家鴻文，條分縷析，鞭辟入裏，毋庸置喙。我素好花邊新聞，反倒留意二月十三日金正恩同父異母哥哥金正男在吉隆坡第二國際機場慘遭毒殺的事件，正男早年用假護照欲入日本被逐惹怒金正日，流放海外，蟄居澳門十餘年。零八年我遊澳門，在一家賭場橫門遇到一個胖子，身邊簇擁着五六個漢子，朋友低聲說：「他是金正男、金正日的兒子，典型花花公子。」可花花公子很有語言能力，英、法、日語都當行，本身是電腦專家，實非不學無術輩。金正男被毒殺，消息轟動全球，南韓記者朴承泯特意奔赴澳門，擷集資料，發佈了一篇題為〈金正男「酒宴與愛人」的最後日子〉報導，追述金氏生前在澳門的點滴。金正男是一九九七年以投資移民取得澳門永久居民資格，移遷其地。在澳門，金正男朋友不多，走得最攏的是「澳門韓國人協會」會長李東燮。李東燮憶述偕金正男常到卡拉 OK 消遣——「金兄一醉酒，就會用哀怨嗓音唱《回鄉的船》這首歌，唱後必淚流滿面。」《回鄉的船》是南韓歌星羅勳兒在一九八二年的流行曲，詞云——「回鄉的船，乘載着夢的小舟，返回故鄉啊！」正是金正男自身的境遇，倍覺悲淒。金正男在澳門因要躲避追殺，用假名「約翰」，地址數易，彼生性豁達，愛笑，豪爽，從不發怒，喜歡光顧高級會所，最愛喝十二年的「尊尼．獲加」威士忌，黃湯下肚，滔滔不絕，連喝六小時而不頹。韓國料理店老闆金女士跟金正男頗相熟——「甫開店，就來捧場。我們凌晨六點打烊，金先生一般都在兩點以後來，朋友有中國人和日本人。小店用現金，金先生有趟只帶信用卡，於是便說：『這樣吧，我把手錶押在這裏！』我哪好意思，回道：『下趟光臨一起付吧！』

金先生不說甚麼，轉身外出，二十分鐘後，捧來一疊現鈔結賬。他是一個自尊心極強的人！」金正男風流，一起棲住澳門的是第二任妻子李慧靜，容貌端麗，雙親是北韓明星。至於第三任妻子徐英蘭本是金正男的保鏢，跆拳道黑帶四段高手，據說在北韓時已跟金正男有情愛關係。金正男從不談政治和宗教，僅對李東燮說過一趟：「北韓孩子們真可憐，發育時期吃不飽，孩子們何罪之有？他們是國家的將來呀！」言多悲痛。「具良知的人，就這樣白白死了，殺掉金正男有何所得？約翰並無威脅，他是一位悲情王子！」李東燮傷感地說。煙消雲散惜風流，含冤受屈難瞑目，可憐的王子！

悲情王子金正男

風雨送稿記

雨聲淅瀝瀝，我心亂如麻。五月天氣變，往事猶多憶，想起昔日送稿事，辛酸、疲勞，卻興奮。稿子送抵報館，隔天刊出，滿足了「成功」欲望，喜不自勝，辛酸、疲勞盡去。七四年打東京回，苦無生計，女兒尚在襁褓，妻子弱不禁風，養家重擔壓在肩上，不學無術，粗活扛不起，優差缺學歷，彷徨無所依，只好闖文苑，幸賴克亮兄之介，為《明報月刊》翻譯中日政治、文化稿，每天往天星碼頭買隔天日本報紙《朝日》、《讀賣》、《每日》等，回家看國際版，擷其有價值者，迻譯一二，交《明月》編輯部，不久，明報「國際版」也來索稿，跑動更勤。那時我棲麗池，跟《明報》報館很近，送稿不費力，且還視為樂事，不是嗎，送好稿，遇上克亮有空，就會相偕到樓下對馬路的「吉祥」，一杯咖啡在手，天南地北縱談，偶然《明報》最英俊的編輯王司馬、《明報》最博學的哈公都會加入茶座。王司馬謙謙君子，儒雅俊美，來自澳門，常詡是最幸福的人，因為偕他同來伙伴，都是短命人，哈公重傳統，道：「王司馬！別亂講，命是不能標榜的！」王司馬一笑置之。王司馬離座後，哈公搖首嘆息：「這話不祥，講不得。」我年少好謔：「不怕！咱們身在『吉祥』必吉祥。」眾笑，也不放在心上。不久，王司馬罹惡疾，四十多歲，悄悄地走了。聽說金庸最傷心，說捨不得王司馬，實是感其才。

浸淫久，寫作地盤擴闊，除了《明報》，遍及《星島》、《東方》、《文匯》、《新報》，收入增多，麻煩接踵而來。其時，不要說 Internet，連傳真機也沒冒頭，寫好的稿子只能靠「送」，大作家如倪匡，報館派專人上門取、海派過來人一日寫十家報館，雇了個 messenger，我乃「小巴拉子」，哪有此待遇，親自送。五家報館分佈在北角、灣仔和西營盤，距離頗遠，往來費時，天朗氣清還好說，一旦遇風雨，尤其是刮風的日子，苦不堪言。我寫稿時間是下午兩點到四點半，之後整裝出發，徒步至《明報》、《星島》(相隔一條橫街)，繼而乘紅巴到天樂里，先把《東方》稿子放到「昌業大廈」管理處的《東方日報》稿件匣裏，再踅至灣仔道《文匯》報社。四家報館送完，再乘巴士到上環，沿水坑口街，轉入新街《新報》，一輪轉折，耗時起碼一個半小時。送完稿回家，已是萬家燈火，一家三口孵在小房間裏吃飯，生活清貧，苦中有樂。一個月裏，總有小折磨的光景，的的答答下雨了，我受民國文人習氣感染，多愁善感，憑欄望雨，點點滴滴，往事似煙如霧，詩意詩意。可雨中送稿，又是另一回事，用針筆寫的稿，遇水會化，稿紙變軟，遂先要膠紙包好，塞進內袋，徒行遇煙雨，略有不愜意之感，卻不礙事，每逢暴雨，上車下車，則苦事也，一手撐傘，一手按上衣防雨水入身，頂住風冒雨前進，說不慘是騙人。其實這種小折磨還是小事兒，最怕碰上掛風球的天氣，電視臺預報風暴明天中午來，那就得趕寫兩天的稿子以便對付，一日五千字，共寫一萬字。偶爾送稿時是三號風球，迨至新街，已易為八號，暴風、豪雨夾雜侵來，傘不擋風給吹翻，只好拉緊衣裳、半閉眼睛，迎風走。風烈如虎，進一步，退一步，挨牆待風稍停，跨步向前，風一緊，又得避居牆邊，時已黃昏，寄客連拳雨潑剌，遠處人家一燈孤，天地岑寂，我與風雨鬥。回到家，全身濕透，坐在椅上光喘氣。風雨送稿，持續好幾年，一月小折，半年大磨，有啥法子，誰教你吃這行飯！迨傳真機發明了，救星至，打個電話，傳稿報館，送稿終成歷史陳跡。今午又逢雨，懷念起風雨送稿的日子：往昔苦事隨水流，再聽雨聲已白頭！

球王之王張子岱

一六年有讀者電郵《蘋果日報》央我聯絡張子岱（阿香），大抵是看我寫足球的文章，以為熟悉，其實我並不清楚張子岱的下落，無能幫忙，深以為歉。皇天不負有心人，讀者終於找到阿香，還陪伴他到黑池跟舊隊友格蘭‧。占士和占美‧安菲重晤，相隔五十多年，彼此鬢邊沾白，皤皤老翁矣。阿香乃我學兄，我進「慈幼」唸小學時，彼已畢業離開，加盟「元朗」，史勿夫神父在我們練球時，常提及十五歲踢「星島」預備組的阿香，稱之謂罕有的天才，要我們以他為榜樣，可那時稚童瘠貧，看球不易，根本沒看過阿香踢球。六三年，阿香入「傑志」，某個週末方在掃桿埔球場看到阿香演出，年僅二十二歲的他，職司前鋒，盤扭傳射俱妙，尤其是背身阻截，妙到毫巔，等閒守衛根本搶不到腳下球，史勿夫神父真是慧眼識英雄。週一回校，把觀感向神父説明且有意仿效，一盆涼水照頭澆：「依力斯！你學不了，你身體單薄，只能當翼鋒。」一真有氣，卻是實話，只好仿「牛屎」黃志強，含枚疾走，底線傳中，報效前鋒。

淺水豈能困蛟龍，六零年十九歲的阿香得球評家麥他維殊引薦，加盟英國甲組球隊黑池，是第一位香港球員遠征英倫（到目前亦僅張子岱一人）。白皮膚嘛，對黃種人多少有優越感，阿香初時只能在後備組上陣，惟性強不氣餒，戮力以赴，遂能兩次踢上甲組。兩年出賽四十三場，入二十三球，其中一球正是對甲組錫周三時射入，亦為香港球員在英國射破龍門的唯一一球。年輕的阿香思家情切，加以黑池領隊易人，遂賣棹回港，我看到阿香的演出，正是此時也。喝過洋水的阿香，強隊爭相邀聘，他戀舊感恩，六四年重回母隊「星島」，跟胞弟張子慧（阿平）並肩作戰，衝鋒陷陣，所向披靡。當年球季，出場一百零二次，共入五十八球，彌足驚人。阿平綽號「拼命四郎」，乃得自其父「拼命三郎」張金海，衝衝衝，不後退。阿香追緬父親說：「我父親平日為人溫文友善，可一進球場，即變成第二個人，勇猛絕倫，球到人到，坦克車也給他砸倒。」余生也晚，未看過張世伯演出，得睹照片，赫然是英俊小生，阿香有乃父遺傳，天生明星相，卻沒效侯澄滔和雷煥璇專注拍戲，僅玩票償心願。六五年黑池訪港重邀阿香，以家累婉拒。六八年，阿香、阿平應波比笠臣邀投北美「溫哥華皇家」隊，年薪一萬四千美元，另加三千美元簽名費，薪酬為全球之冠。好景不常，加盟一月，笠臣即掛冠而去，新任領隊匈牙利球王普斯卡斯重用拉丁球員而輕留隊球員，一年不到散班，張氏昆仲北美之旅以失落告終。「好花自有知音賞」，北美歸來，巨型班「怡和」重金邀加盟，月薪二千五，還兼閒職推銷冷氣機，誠如阿香所言，此為表面文章，推銷成績何如，無關宏旨，重要是爭取佳績。六九年「怡和」威震球壇，囊括聯賽、職業盃、金禧盃和士丹利木盾，成為「四冠王」，班霸「南華」黯然無光。花開花落，七八年三十七之齡的阿香捨球員生涯，轉當教練，迄八五年，正式退出球壇。

四月某天，風和日麗，我遘阿香，體重二百磅的學兄健談，說到香港足球，一臉懊惱：「早已玩完了！」問原因？答曰「足球是劇烈運動，落場恍如鬥牛，要勇要狠，親兄弟也不會給臉，比體能、比速度、比技術；如今香港球員普遍沒體能、欠速度，遇到外國球員，哪能克敵？」球王之王，一言道出當今球壇痼疾。七十六歲的阿香蟄居東涌，偶與昔日同袍茶聚話家常，他給我看一幀六十年代末濠江踢球的照片，指着問：你認得多少人？我瞇眼看，喲！那不是南華四條煙？小黑姚卓然、牛仔莫振華、肥油何祥友、牛屎黃志強，還有百萬腳霍英東。唉！西風吹起舊事興，已在桑榆暮景！

張子岱

誰是漢奸？

尚以為「漢奸」乃中國特產，其實不然，鄭明仁告我，二次世界大戰歐洲有「法（國）奸」和「比（利時）奸」，茅塞頓開，謝謝！說起「漢奸」，我見過三位：金雄白、葉靈鳳、蕭三平，不妨一談。七十年代初去日本前，老大哥王志堅作介，得與金雄白面談，金氏因一部《汪政權的開場和收場》，聲名大震，提攜發行的吳中興老闆賺了錢。我喜讀汪精衛詩詞而知金氏，偽政權重臣，隸周佛海麾下。原以為必會侃侃而談當年政治氣候，孰料一坐下，一老一少，聊上嫖經，名士風流，年青時逛遍上海堂子、舞廳，他道：「數十年跌宕歡場，曾享無窮豔福，半輩子青樓一夢，祇剩滿腹嫖經！」前輩感觸，晚生黯然。既係偽政府要員，被扣「漢奸」帽子，天公地道，金氏叫冤「非也，此乃曲線救國。」

其說非謬，中國武器不如日，土炮舊槍，哪比得上日本的船堅炮利，打陣地戰必敗無疑。汪精衛倡和議，以空間換時間，其實跟蔣介石安內攘外的政策相同，成者王，敗者寇，夫復何言。近代歷史大家余英時教授有同感——「汪之一意求和是建立在一個絕對性預設之上，即當時中國科技遠落在日本之後，全面戰爭一定導致亡國的結局。因此他認為愈早謀得和平愈好，若到完全潰敗的境地，那便只有聽征服者的宰割了。」金雄白附汪，是為漢奸乎？

金雄白以外，我又見過名作家葉靈鳳，其時，我跟也斯等合夥籌辦《四季》文學季刊，為隆重其事，託劉以鬯先生代約靈公在中環「紅寶石」餐廳晤面，年已七旬的靈公，由小女兒中嫻陪同到來，言笑晏晏，暢談甚歡。事隔四十多年，所談已甚模糊，只記得提起過中國的新感覺派，靈公說：「是劉吶鷗引過來的，他是日本通。」新感覺派源自日本，掌舵者是橫光利一和川端康成，靈公仿寫小說《鴆綠媚》，謙虛道：「當不能跟橫光、川端兩位前輩相比。」劉、葉兩人以外，穆時英的《上海的狐步舞》也是傑作，由於親日，劉、穆均被鋤奸團暗殺，靈公與彼等深交，故為魯迅所不恥。七五年，我認識了靈公公子葉大偉，性格相投，成為莫逆，我問起靈公的事，他說「這事我不清楚，我爸爸是一個讀萬卷書的書生，說他當漢奸，可能性不大。」可那時，身邊的文友都說靈公是香港淪陷時期的頭號文化漢奸。小思老師主編的《淪陷時期香港文學作品選》轉錄羅孚先生大作〈葉靈鳳的地下工作和坐牢〉，為之辯誣云——「葉靈鳳曾經做過國民黨的地下工作者。這有敵對方面證實，但不是共產黨。在日本官方的檔案材料中，留下了這些記載：『葉靈鳳，別名葉林，中國國民黨港澳總支部調查統計室香港站特別情報員，兼同一總支部香港黨務辦事處幹事。』」身在曹營心在漢，靈公是否漢奸，當可思過半矣。

父親老朋友蕭三平，人稱三平伯，我見他時，已有七十多歲，蓄平頂頭，手扶枴杖，一派紳士風。他日本語地道，香港淪陷時，當了憲兵隊翻譯，少不更事，我詰問：「三平伯伯！你為甚麼要替日本人講閒話？」母親厲目瞪我，三平伯笑呵呵道：「沒關係！小朋友！三平伯伯是為了救人。」鄭明仁新著《淪陷時期香港報業與「漢奸」》一書，為漢奸訂出十則條例，其中兩則云——「曾任偽組織管轄範圍內任報館、通訊社、雜誌、書局、出版社社長、編輯、主筆或經理，為敵偽宣傳者。曾任偽組織管轄範圍內主持電影、製片廠、廣播臺、文化團體為敵偽宣傳者。」若然，不獨金氏、靈公、三平伯乃為漢奸，當過日本憲兵部通譯的郁達夫、助川喜多長政搞「華影」的張善琨也難脱逃，漢奸必矣！可近人余英時、吳淑鳳均認為「對抗戰時期雖當漢奸者，不能一概而論認為對國家不忠矣。」噫！如是者，誰是漢奸？

鄭明仁及其新著《淪陷時期
香港報業與「漢奸」》

于素秋是黃鶯

「不過咁嚡，義氣搏義氣，鑽石鏈我帶咗嚟，我要你放人先，先俾得你！」鋤強扶弱、正氣凜然的黃鶯身穿翻袖T恤、窄腳長褲、腰束粗皮帶，英姿颯颯地向住嚴大雄發號施令，此乃一九六〇年「女飛俠黃鶯」《公寓謀殺案》的一個片斷。飾黃鶯者于素秋是也，奸角嚴大雄乃是石堅，故事改編自小平原著，為當年最賣座的警匪電影。如今說小平，怕已無人知，三四十年代在上海，卻是名重一時的作家，擅寫鬥智奇情，女飛賊黃鶯（後改為女俠盜）乃其成名作。五十年代初，「環球」老闆羅斌南來，發刊《藍皮書》，馬到功成，順勢擴展出版事業，《女飛賊》、《女俠盜》為彼早期最暢銷的產品，先連載於《新報》，復轉刊旗下雜誌，後出單行本，貫徹彼之「一雞三味」政策，大收旺臺之效。我從小愛看黃鶯故事，《黃毛怪人》、《十三號凶屋》……陸續看了不少，對小平有着濃厚的好奇，惜身邊友人無一識荊，引以為憾。迨九六年，我進「環球」主編《武俠世界》，日夕與羅斌相晤，問起小平，羅斌呵呵笑：「沈先生！小平從未來過香港，這裏的人只有我認識他，」臉有得色：「不瞞你說，我替他度橋，還當過跑腿哩！」此話怎講？原來小平病腿，行動不便，長臥病榻，為寫黃鶯，羅斌四出為他找資料。小說背景是上海，有時也會擴展到蘇杭一帶，當地風土人情、地理環境，小平手邊資料匱乏，便得由羅斌奔走搜集。羅斌回憶道：「我替他買蘇杭地圖、民間傳說本，由他依據資料撰寫。小平說，甚麼都可以錯，地方名字、風土民情絕不能有誤！」前輩寫作態度是真摯而可敬的。

「黃鶯」由「立達」影業公司開拍，繼而「月明」接手，黃鶯一角一致拍板由當年最紅的女明星、于占元千金、七小福師姐于素秋擔綱。于素秋乃刀馬旦，耍棍弄槍，易事一樁，加以明豔亮麗，英氣攝人，活脫脫是黃鶯再世。至於鹵莽正義的二俠鄔雅、纖巧文靜的三俠向遏分由鄔麗珠、任燕扮演。論輩分，鄔麗珠最高，早於上海成名，綽號「女泰山」，武功超群，享譽滬上；任燕是長壽電影《黃飛鴻》的必然女角之一，北派功夫，硬朗耍家。由於于、鄔、任三人皆係外省人，擔演粵語電影，便有觀眾抗議：「既是粵語電影，為何不找粵語女星！」羅斌笑破肚皮：「沈先生！我告訴他們黃鶯是阿啦上海人，故事全發生在上海，用外省演員，有何不妥？」鄔麗珠七八年逝世，如今黑牡丹于素秋亦去耳，任燕何如？音訊杳然。

于素秋最得意是跟曹達華合演《如來神掌》，師兄憨，師妹嬌，頓成銀幕情侶，亦曾鬧緋聞，萬人爭擁，終落麥家，六六年于素秋跟粵劇老倌麥炳榮結褵。麥炳榮有妻花麗華，乃前陳塘名妓，五八年，家傭卿姐某天對我說：「三官！你想唔想睇大老倌？」「想呀！」十歲孩童怎會不喜，遂跟卿姐乘巴士往麥當勞道麥公館。原來卿姐有姊妹為麥家打雜，順理成章得遘麥炳榮，為人和氣，還叫女傭給我糖吃，身邊有一婦，明眸皓齒，氣度雍容，便是花麗華。麗華姨在時，于、麥二人雖識，不敢逾矩，六三年麗華姨去世，兩人愛情曝「光」，終成夫妻，婚後未幾，于素秋息影，移居美國。人皆以為于素秋是粵語明星，非也，她也拍過國語電影。六〇年夏天，「電懋」拉隊到麗池區內的「金舫」酒店室內游泳池拍「泳裝還美」場景，以為電影《溫柔鄉》重頭戲。那天，我偕二姐混在人堆看明星，林黛、張揚、雷震、吳家驤，呀！喂！那女人是誰？人群中有人高喊，一看，咦！不正是于素秋？怎麼「跨界」了！電影裏，于素秋跟張揚本是一對兒，可張的靈魂卻給千嬌百媚的林黛攫了過去，于素秋在張揚背後瞪眼鼓腮的神情，真乃一絕。晃眼五十多年，八九美人玉殞，古稀稚童衰頹，生老病死，由不得人！

于素秋是黃鶯

上海・香港・倒影

人與人之間相晤僅一面，且陰陽阻隔，上天有主宰，能以書結緣，翻看朱子家（金雄白）鉅著《春江花月痕》，一則〈未必金錢能贖命　偏逢風雪又欺人〉小文，引起我共鳴。文章大意説「作者夜裏離開望平街報館，在漫天風雪馬路上徜徉，忽地有一個女人橫身擋路，冷得哆嗦道：『先生！做做好事，到我家去玩一次吧！』原來女人已三天沒客人，再拉不到客，就不會有命，鴇母會扒光她衣服跪在露天，龜奴會施夏楚，還會用香烙她。作者為哀聲感動，掏出一塊錢給她，女人不要，硬要作者同她回去。」朱子家為同情心驅使，真的跟妓女走進一家石庫門房子——「這房間真可稱為斗室，一張棕棚床，上面鋪着薄薄的被褥，有着盈寸的積垢，床單上斑斑點點地盡是積穢。床前一隻小方桌，兩張骨牌櫈，其他甚麼也沒有了。房裏並沒有窗戶，惡濁的空氣中還夾雜着難聞的腥味，五枝燭光的電燈懸在半空，黯淡而陰森。」再一瞧，面前妓女不過十五、六歲，發育未全——「就在這一刹那中，我看到她不但黃瘦得驚人，而且周身顯出許多瘡癤，這告訴了我她已經沾染到了很深的花柳病，而且正在發作了。」這怎啃得下？朱子家只好應妓女所請假裝尋歡，瞞天過海。事後，嘆道——「其實，凡是歡場女子，其所受到的摧殘，長三與野雞，也僅有程度上的差別罷了。」

無巧不成話，我也有過相同的遭遇，舊著《風月留痕》裏〈忘不了的流鶯〉有這樣描述——「那已是六八年秋天的事了！……凌晨三點十五分，路上行人稀少，忽然，背後有一陣微微的暖氣吹過來，回頭看——一張粉白冰冷的臉正望着我……」女人是流鶯，要我跟她走，我摸出十塊錢給她不要，死擋住去路不放，硬要拉上樓。我居然有了朱子家的惻隱之心，隨伊上樓——「她的房間就在廚房後面，那是一個面積不逾六十呎的小房間，裏面只有一張床、一個布櫃和一張小桌。房間隱隱散溢着一股霉味。」呀！布置跟上海妓女房間何其相似。燈亮了——「女人那挺直的巧鼻子，櫻桃小嘴，籠煙星眸……全呈現在我眼前了！哎喲！她可真不醜呀！我打心底裏嚷起來！」我告訴她是一個小作者，媚媚（女人）就訴說了她淒涼的往事，風塵母親，不良後父，少女下海，辛苦養家，卻遇拆白，人財皆失，後拆白去如黃鶴，心力交瘁，染上毒癮。「媚媚說完後，說：『你給我那些錢，剛夠我吸半天的白粉，如果你還同情我，我希望你能再給我二十元，我甚麼都肯做！』我再摸出二十塊，塞進她手裏，負氣地說：『不用陪我，讓白粉陪你吧！』我打開房門，用最快的速度，奔下樓，耳邊還聽得媚媚在嚷：『有空找我！』」半年後，我又經過那條馬路，走過那樓梯間，伊人影蹤渺。直到七零年，才聽得江湖人物漢叔說「媚媚自殺死了！」文章結尾我如此寫——「四十多年了，直到今天，我偶一寂寥，腦海中都會想起這個可憐的女人，我跟她不過是一面之緣，印象如此之深，連我自己也難明所以，你們能告訴我嗎？」男人怡情風月，女人刀俎由人，上海•香港，實是倒影！

朱子家又評騭上海電影明星云——「其在社會上給人的觀感，是介乎伶人、交際花與舞女之間，若論其地位，亦兼有職業女性與歡場女子兩者之便。」評價不高。當年紅星阮玲玉，薄命憐卿，為人外室，卒以家庭糾紛，寫下了「人言可畏」四字，仰藥自盡，堪為電影界中人難得的有骨氣——「以後非但影星們不再從人言為可畏，而唯恐人之不言為可畏。」朱子家這兩句話，真教人拍案叫絕，非獨昔日，於今為烈，君不見多少未紅女星，千方百計，獻媚展騷，唯恐人之不言為可畏，你不置一眼，她們才會仰藥自盡呢！如今國內，潛規則盛行，大多女星蜂擁從之，吾改朱子家之言云——「不再以潛規則為可惡，而唯恐潛規則之不臨己身」，讀者諸君以為然否？

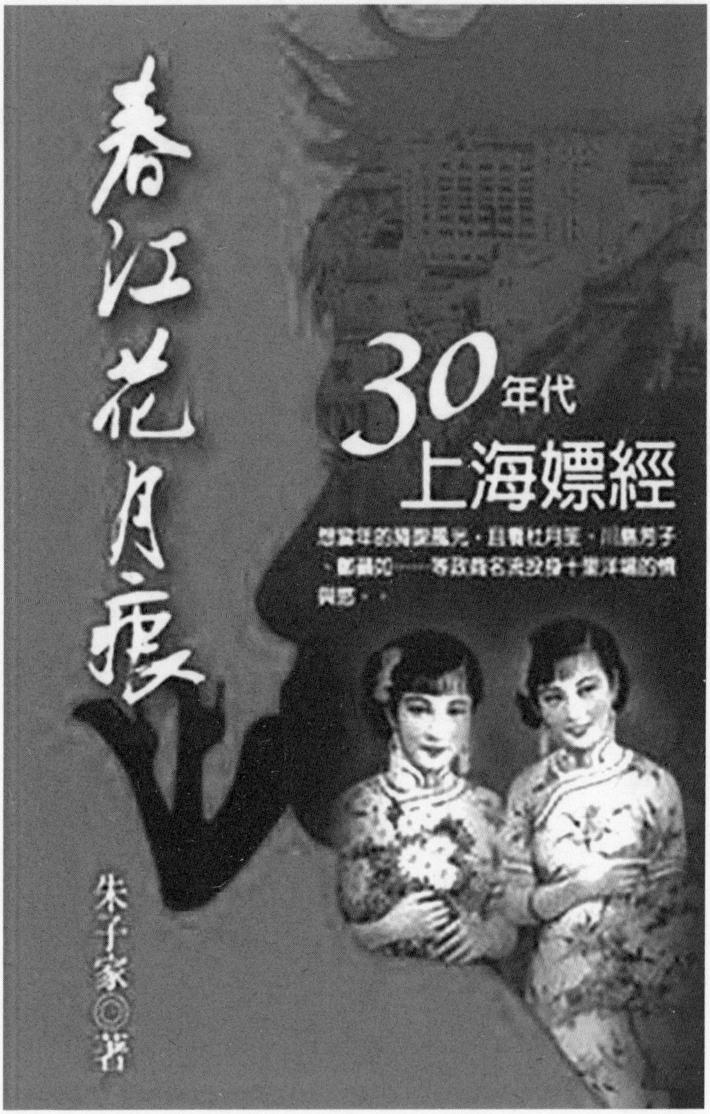

朱子家鉅著《春江花月痕》

清風兩袖三校長

魯迅如果沒有紹興同鄉蔡元培，哪當得了講師，沒高學歷，誰敢用你？普天下僅北大校長蔡元培耳。我識蔡校長之名，緣自知堂文章，如此說：「北大舊人做聯句，分詠新舊人物，其說蔡孑民的一句是『毀孔子廟罷其祀，可說是能得頌。』」改革北大，慧眼別具。後來又看了《蔡孑民言行錄》，更佩服先生用人之明，當然，晚年移居香港，也教我打上感情分。三七年，蔡元培由上海抵港，一經住下，再也沒回京。棲住香港，生活拮据，有病，無錢請大夫，志高趣潔，從不向友人乞助，惟朋友偶有相求，仍然盡量周濟。四零年三月三日早上，蔡元培起床後到洗手間盥洗，忽地胸口一悶，吐出鮮血倒地暈厥，兩日後，即三月五日，與世長辭。校長仙逝，四壁蕭條，身無餘物，連住院千餘元醫藥費也無法支付，有賴「商務」老闆王雲五相助，才能卜葬於香港仔華人永遠墳場。知堂業師壽洙鄰先生說：「孑民道德學問集古今中外之大成而實踐之，加以不擇壤流、不恥下問大度，可謂偉大矣。」偉大學者，久臥香港泉下，世人可還記得？

前幾天，跟文友盧文敏相聚，談起北大校長胡適，他說「我因胡適跟林真打筆戰。」六十年代，盧文敏在《天天評論》寫文章，稱譽胡適為學通今古的大儒家，思想自由，用人唯才，不料引起左傾林真不滿，著文批評，刀來槍往，好不鬧猛。我年輕時，不大留意胡適，齒齡陡增，愈發欣賞胡適，他說「金錢不是生活的主要支撐物，有了良好的品格、高深的學識，便是很富有的人了。」形而上地輕視物質，正是大師精神。梁實秋先生說：「胡適先生的《文學改良芻議》，對我而言，確是發聾振聵，把許多人心目中積存已久的疑惑一下子點破了，我頓時像是進入了一個新的境界。」我也一樣，進入了新的境界。大陸變色，胡適奔臺，國民政府倚重，派為美國大使，國運未卜，胡適節省為重，使館入不敷支，胡適就利用人際關係，借貸度日。胡適憐惜妻子江冬秀，寧可省吃儉用，為妻添衣物，郵資昂貴，就託人捎帶。大使本身有一筆特支費用，胡適一分未動，全歸國庫。卸任後，客居美國，生活清苦，常拿着紙袋親自到市場買菜，博士買菜，成為文壇佳話。六十年代初，胡適操勞過度，健康日壞，前後入院凡二次，惟仍不忘講學。六二年二月二十四日，胡適參與中央研究院第五次院士會議，在議會上發言，提到備受各方圍剿之事，心情激動，心臟病發倒地去世。死後，秘書王志維清點遺物，除書籍、文稿、信件外，身邊錢財僅一百三十五美元。文人生活苦，清氣滿乾坤。

北京大學代理校長、歷史學家有老虎之稱的傅斯年（孟真），生活也不好過，在他去世前幾天，還為一條新棉褲傷透腦筋。一直以來傅校長都沒有一條像樣的棉褲，只好趕着為董作賓的《大陸雜誌》寫文章以求稿酬。妻子俞大綵出自名門，嫁與他卻受盡酸甜苦辣，傅斯年感慨萬千道：「你嫁給我這個窮書生，沒過好日子，萬一我死後，也不曾留與你半文錢。」語至淒涼。文章寄出，董作賓匆匆將稿費送到傅府，俞大綵抖着手接過，泣不成聲，原來傅斯年早幾天在臺灣省議會答覆教育行政質詢時過於激動，中風暈厥，命赴陰曹。傅斯年有山東大漢脾性，做事認真，嫉惡如仇，以反共為己任，曾有名言「上窮碧落下黃泉，動手動腳找東西」，不懼權勢，因美金公債案，炮轟孔祥熙。傅為人好辯，曾與孔庚就中醫問題激辯，孔庚爭不過，以粗言辱罵，傅斯年大怒要與彼決鬥，就在會議室門口堵之，可一見老邁孔庚蹣跚走來，惻隱之心大動，嘆氣道：「不同你決鬥了，你喜歡罵便罵吧！」率真如此，實不多見。三大校長去矣，輓以鄭燮詩：「咬定青山不放鬆，立根原在破岩中。千磨萬擊還堅勁，任爾東西南北風。」

北京大學三校長傅斯年、胡適、蔡元培

粥王何藩

相比何藩的名導演、攝影大師頭銜，「粥王」名號顯得風馬牛不相及，緣由何在？看官不急，待我娓娓道來。

一個有雨黃昏，我站在那些照片面前，細心端詳，黑白相間，光影重疊，如漢庭老夫，暗挾風霜；又如絳雲在霄，舒展自如，久看不倦。喜歡〈失神〉裏的婦人，髮稀展歲月滄桑，不掩樸實；留戀〈姊妹情〉，女童揹幼妹，想起遠適澳洲的二姊；鍾情〈同舟共濟〉，懷念昔日香港精神，唉！褪色矣！謝謝何藩兄的照相機，給咱們保存了歷史風貌，這是他留給香港人一份情真義重的禮物。

八七年夏，「三寶」電影公司劉俊輝先生找我編劇本，彌敦道樓頭重遇何藩，一見面，笑容可掬，握緊我手，熱情洋溢：「沈先生！多幫忙，多幫忙。」接着定睛看：「咦！我們以前見過面吧？」喲！記性真好！的確見過面，那是八二年、在尖沙嘴麗晶酒店，何藩為《危情》拍外景，由於有新藤惠美、小田薰，洋涇濱日語的我膽大擔任翻譯，紓解何藩的語言隔閡。電影才拍了兩天，再到酒店，何藩不見蹤影，我也隨之失業。重提此事，何藩沒怨言，連連說：「風格不同，沒法子，沒法子！」何藩崇唯美，老闆喜暴力，不搭架，拜拜！我們在「三寶」合作的電影名曰《慾焰濃情》，張采眉、李殿朗、潘震偉合演，電影說甚麼，印象早模糊，倒是何藩的赤腳模樣今猶記，何藩喜入室脱鞋襪，一如日本人，他說「回歸自然」，我看是率性真，也仿之，相視大笑。人人罵何藩拍三級片，語多刻薄，這也不盡言，何藩是文藝青年，迷實驗電影，拍過文藝愛情電影，第一部是七五年香港「恒生電影公司」的《昨夜星辰昨夜風》，孟飛、張琍敏合演。「恒生」老闆是包明和鄔運平，我因華山關係，認識「鄔老闆」，一個篤實的老好人，吳思遠也曾為彼效力，拍了《香港小教父》、《李小龍傳奇》、《十三號凶宅》等電影，思遠告我鄔老闆早去世，包姐近況不明，念之。八零年何藩跟吳思遠合作拍攝《臺北吾愛》，身兼編、導兩職（註：蔣芸女士為主要編劇），應采靈、王復蓉、王瀚合演，投資不大，卻拍出浪漫言情的效果。第三部是我在電視上看到的《罌粟》，大吃一驚，那是何藩嗎？風格全異，深沉，淒涼，誠是佳構。電影改編自蘇童原著小說，臺灣演員戴于程、岳虹主演，崇山峻嶺，古樹參天，少數民族的風俗活現眼前。岳虹演苦命女人，委婉悲悒，教人垂淚到天明，這許是何藩最好的電影。話說過大半，筆管野了，何藩「粥王」美名何來？關子豈能再賣，說與看官聽！

拍攝《臺北吾愛》時，工作人員都愛泡「臺菜館」，當天鏡頭拍好，拉隊吃飯、消夜，臺灣小館有個習例，頗類昔日香港小店「白飯任裝」，只易飯為粥而已。何藩嗜地瓜粥，一到店，就舀粥，人家一兩碗，何大師是一碗接一碗，連喝十來碗，枱上粥碗高疊，一如長梯通天花。既訂明任喝，老闆不能干涉，只是人人若此，不賠本才怪，老闆氣得雙眼翻白，比粥還白。何大師坦蕩蕩，管你東南西北風，我行我素，照喝如儀，每至十來碗，老闆臉黑。

何藩樂助人，朋友有求少有推卻，九〇年，我薦臺灣女郎李月仙拍電影，彼不以伊沒經驗而納之，月仙在港拍了幾部，總算揚名，衣錦返臺。何藩拍照有耐性，往往佇立街頭凡幾小時，只為捕捉一鏡頭；他又是《窈窕淑女》裏的力士夏里遜，成功地把平平無奇的丹娜（岑淑儀）小姐塑造成古銅膚色的性感野女郎，吸了不少男人的魂靈。順德原籍、上海出生的富家公子何藩昨年六月十九日去世，一眾朋友致悼辭，言多感觸，獨喜吳宇森寫的那一句——「何藩！何其平凡，又何其不凡」，寥寥數語，道盡彼之一生。

何藩

電影漢奸

雨餘乍霽，重雲堆垛，天無罅隙，一陣風來，凜冽無翳，路過灣仔「龍門」舊址，駐足而思，恍睹六叔（黃天始）容顏，四十年了，餘念仍在。想當年與黃天始叔侄共聚二樓茶座，一盅數件，暢談竟日意猶未盡。我因翻譯《霧之旗》字幕跟黃天始結緣，他驚訝我能無誤地譯出字幕，動了憐才之心，託人相約「龍門」聊天，同座黃夏飛，乃彼之侄，少叔老侄，年齡相近，親暱無間。夏飛默片時代小生，跟楊耐梅配過戲，英俊軒昂，氣宇不凡。上海孤島時期，叔侄皆事於「中華電影」公司（簡稱「華影」），黃天始居要職，為常務董事兼業務部長，追隨川喜多長政驥尾，保存孤島電影事業。我少不更事，竟問：「六叔！有人說為日本人做事，就是漢奸，你有甚麼看法？」黃天始沒怒，淡然道：「漢奸不漢奸，很難明言，目下在寫回憶文章，發表後，你看看就明白。」小子唯唯諾諾，吃一口蝦餃，話題扯去別處。

又過一陣子，黃天始邀約，一臉正經說：「西城老弟！文章還沒寫好，今天先同你說說孤島電影吧！」喜聽掌故，洗耳恭聽，下面是黃天始當年的敘述——「八一三戰役爆發，上海電影停頓，我當時是國民政府中央黨部電影事業處的人員，負責拍攝電影。戰事起，我一家五口想離上海回香港，可惜只能買得三張船票，於是我們夫婦留下。其時只有電影大王張善琨先生在上海租界內拍電影，一部陳雲裳主演的《木蘭從軍》，哄動全國，日本人就盯上張善琨。我本來不熟悉張先生，乃好友劉吶鷗引薦，彼此有了關係。三九年『華影』成立，劉吶鷗應邀加入，我也成為董事。《木蘭從軍》引起川喜多長政的注意，想在日本佔領區發行這部電影，劉吶鷗和我就安排張善琨跟川喜多見面，商談融洽，只是一旦為日本人辦事，便會落得漢奸之名，張先生有點猶豫，川喜多便說：『張先生！如果敝人不能達成任務，日本便會另外安排人選，後任者是否像我一樣熱愛中國文化，我就不保證了。』此話說得軟硬兼施，張先生機智過人，即時不作覆，暗通重慶委員蔣伯誠，拿過免死金牌，遂答應了川喜多。」

免死金牌不免死，四四年十二月，日本憲兵抓獲蔣伯誠，知道蔣、張二人關係，立即拘捕張善琨，被囚七十六號，那是閻王殿、活煉獄，命懸一線，川喜多四方奔走，方得保釋。張善琨大駭，偕平妻童月娟奔後方屯溪，卻又被控漢奸罪名，此趟遇難，比前更凶險，最後由其師黃金榮向司令顧祝同陳情，才復自由。黃天始追述到此，臉露憤慨之色道：「張先生重義疏財，氣度寬容，為維護上海電影事業而落水，居然目為漢奸，唉——」長嘆一聲，一杯普洱盡往喉嚨灌。談到劉吶鷗，情緒更激動——「吶鷗本身左傾，創辦水沫書店時，跟魯迅、馮雪峰他們是好朋友，魯迅還向他預支稿費，這是我親眼目睹的。」頓了頓：「唉！

西城老弟！魯迅曾罵我漢奸呢！吶鷗是臺灣人、日本慶應大學高材生，醉心日本現代文學，在上海拓展新感覺派，葉靈鳳是他摯友，由於這種關係，三八年後他接受『東寶』之託，先組織『光明』公司，拍了三部電影，後來又加入『華影』，一心一意為孤島電影事業盡力，他根本不懂得甚麼政治，只熱愛藝術。他的朋友穆時英更不幸，國民黨中央（註：即中統）派往上海做地下工作，卻死在對敵軍統槍下，而吶鷗亦隨其後，同樣死於暗殺。劉、穆二人之死，可說是雙重特工制度造成的禍害，自己人殺自己人。」我聽了，默然。近看六叔遺文，有言云——「被迫留居上海淪陷區的電影工作者能團結一致，謹守崗位，默默耕耘，爭取自由製作為淪陷區的民眾提供娛樂，他們都有一顆愛國之心，可稱為沉默的抗日者，如果被視為『電影漢奸』，實在難以信服。」六叔！是非曲直終有明白時，何須介懷，遠棲天國，放下自在！

《木蘭從軍》劇照

詠春寸勁

從童年到少年，喜歡打架。打架自然有勝負，嘿！勝多負少，那我是高手囉？非也，只是夠狠、夠勇，不怕痛，見血更瘋，同齡對手都怕我。愛打架，因而愛武術，學得雜，先是跟北角老和尚學了一陣子北螳螂，後又隨妻舅胡肇習「工字伏虎」，皆無所成，一開打，便亂套。某日，二姐夫陳傑輝來我家，見我臉上掛彩，說：「關琦！跟人打架，最重要是挫對手而不受傷，像你這樣，哈哈！勝之不武，自己也受傷。」語帶譏諷，不服氣，反駁：「姐夫！打架怎會不受傷！說笑！」鼻子哼一聲。二姐夫知我性倔，就說：「好！那我們切磋一下！」我二話不說，掄右拳便打，旁邊的二姐阻擋不住，喝道：「Jeffery！不要打傷關琦！」二姐夫一笑：「放心！」眼看直拳已到他胸膛，電光石火之間，我右手腕猛地受力一壓往下沉，疾如鷹隼的鐵拳已到左臉，欲避無從，二姐夫右手輕挪，拳尖恰恰擦臉而過。我嚇呆了。「你接不了我一招，如果真打，嘿——」一臉輕蔑。到底是咋回事？近距離發勁，狠而快，跟我所學大不相同，纏住問，二姐夫告我——「這叫詠春。」詠春拳僅三套：小念頭，尋橋，標指，我隨二姐夫學了半套小念頭，自詡詠春高手，跟同學比試，哈哈！梅逸徒孫全勝！緣何學半套停了？那是老媽作梗，警告不可再教：「這小鬼好勇鬥狠，學成，不打死人才怪！」於是我變成四不像的「武術家」。

踏入社會，陸續認識不少詠春朋友，首先是梁挺，當年我編《情報》週刊，跟李漫山兄到油麻地拳館做訪問，梁挺在七十年代就將詠春推廣到德國，由德至歐，桃李滿門。繼而是導演黎應就，相識偶然，是在朋友飯局上，自稱「黎雞」，我只知道他是「永佳」老闆，跟陳勳奇拍檔，拍了不少喜劇動作電影，卻不知他是詠春派，直到一天，跟黎雞買醉，隔壁枱子有大漢藉酒鬧事，同座女伴惶恐不安，黎雞挺胸道：「怕甚麼，有我在呀！」身邊經理低聲說：「放心！黎師傅是詠春高手，他是招允高徒。」一聽，肅然起敬，招允乃葉問愛徒，技藝非凡，黎雞拜其門下，功夫豈會淺，心定，喝酒如儀。黎雞風趣，口頭禪是「一萬幾千，過眼雲煙！」豪邁灑脱。近日有幸，又結識了兩位名師，歐陽劍文，隨「講手王」黃淳樑習藝，身形不高，紮實如老樹盤根。黃淳樑廣為人知，是他跟李小龍的關係，亦師亦友的身分，更為他披上傳奇華服。李小龍不少詠春拳法，乃黃師傅點撥，純以詠春論之，李不如黃。

葉準師傅高徒單國基，忠厚健碩，為我引薦了梁賢師傅。梁賢？誰呀！不曾聽過，國基兄喲的一聲：「那你可聽過詠春黑仔？」呀呀呀！聞名久耳。梁賢素性頑皮，小學人唸六年，他老哥唸上十年，不好書，只愛打，拜梁相門下，隨師兄吳華森練功，日夕苦練，遂為問公相中，七十年代初代表「詠春體育會」出戰「東南亞國術邀請賽」，勇奪亞軍，乃為「詠春之光」。梁賢講話不靈光，打架卻是一把手，我問他詠春寸勁是甚麼回事，興至，站起來仿李小龍擰腰發勁，黑仔大搖其頭：「非也非也，寸勁並非如此！」我狐疑，黑仔訥訥道：「一般人都以為寸勁以腰發勁，這是信了李小龍，詠春寸勁，係用腕、肘、膊放鬆打出，抵對方身軀時，腕才着力發勁——」說着揮臂發勁，拳風虎虎——「寸勁出，對方着了道兒，不會後退，反受牽力向前傾，這才是真正的寸勁。」那麼說，李小龍的不是寸勁？單國基解道：「小龍哥將對手推至十呎外，是想示範威力，重推力，對手不會內傷。如果真發寸勁，力道滲入身內，對手必受重傷。」李小龍宅心仁厚，大家風範！

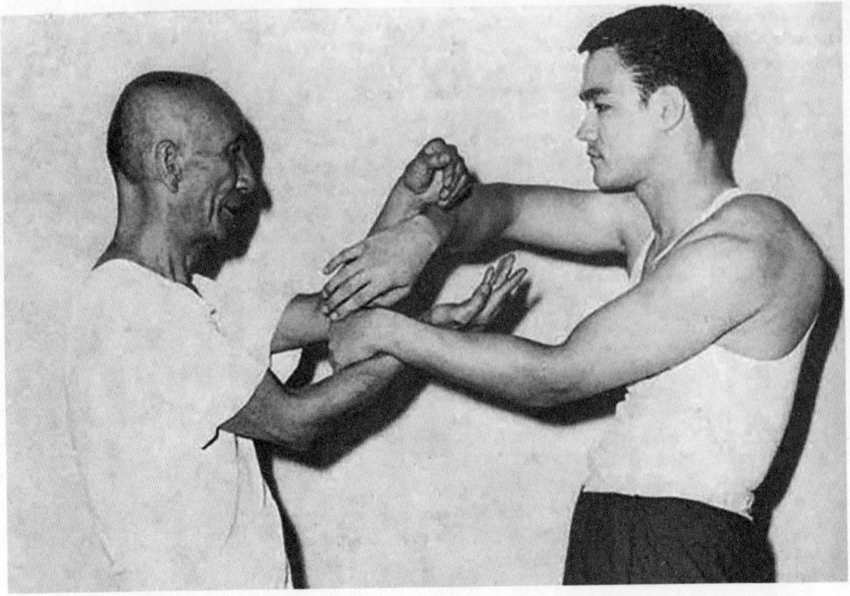

葉問及李小龍

近世風月書

拙著《風月留痕》序有這麼一段話——「清人余澹心寫有《板橋雜記》，專事描繪秦淮風月，鶯歌燕舞，旖旎纏綿，一百年來，人人爭相傳誦，乃成清朝民國一代盛事。」如今說余懷的《板橋雜記》，識者不多，惟要尋昔日風月，此書是寶典，不得不讀。手邊存孤本，上海「大達圖書供應社」印刊，廣及山東、東北，其中有奉天「大東書局」，當係東北事變之後付梓，距今有八十年矣。孤本為上海小友李劼白本月贈，紙已發黃，書多眉批，解人仔細讀過。我七二年赴東京習日語前，略看過一遍，四十年後重讀，感慨益多。余懷明末清初學人，依戀前朝，輒思反清復明未果，隱居吳門，讀書著述遺懷，《板橋雜記》記秦淮舊事，為余懷力作，序云「一代之興衰，千秋之感慨所繫；而非徒狹邪之是述，豔冶之是傳也！」一書分三卷：雅游、麗品、軼事，文筆精簡，描畫入微，淡淡數語，已足傳意。其友尤侗嘆曰「南部煙花，宛然在目，見者靡不豔之，然未及百年，美人黃土矣！回首夢華，可勝慨哉？」自來狹邪之事，必如是，傷感亦徒然。

清代離咱們遠，扯近一點，說民國吧！上海十里洋場，冶遊天堂，要明白之、瞭解之，惟有書中尋，此中佳作，當為陳定山先生所著《春中舊聞》。十五歲之齡，在父親書房中遇到此書，偷偷翻看，我父開明，不獨未加斥責，還鼓勵我看，說要明白上海，定公大作勝過歷史課本多多矣。定公浙江錢塘人，生於上海，父天虛我生，既係作家亦係實業家，「無敵」牌牙粉通行全國，富甲一方。定公聰穎，琴棋書畫無一不精，而醉心寫作。《春中舊聞》寫上海事跡，歷史、文化、歡場兼具，記問精確，傳神寫照，正在阿堵之中。上世紀七十年代，我本有謁見定公的機會，可惜因事未得一晤，《大成》社長沈葦窗乃定公知交，曾與我言「論寫掌故，民國迄今，無人能及定公。」我舉以包天笑、高拜石、高伯雨，葦窗兄微微一笑：「阿拉不講別人，只說定公。」此言非虛，看過《春申舊聞》的朋友，必有同感，文字之精，學問之富，可謂「兩腳書櫥」，蝶老稱「定公文字帶仙靈之氣」，的是確評。這裏不妨欣賞一下定公的文筆，在〈卡爾登豔舞〉一文，這樣描述——「垂幕啟時，一崑崙女躍出，全身似漆，致致有光，豐隆之點，僅貼以金葉，而墳起窪溝，凸凹畢現。樂隊奏為蠻鄉之曲，女則自臺而下，盤旋舞場，留連客座，粲齒一笑，目若流星，紅唇軟吻，着人朵頤嘖然有聲。肌膚之膩，徐志摩之稱為『濃得化不開』，畢倚虹謂之『要死』。」直如電影，一景接一景，用句豔美不失典雅，後學不能及。大陸變色前，定公赴臺，臨行告眾友「共產黨一來，上海住弗落去。」力勸摯友崑曲名伶俞振飛離滬不果，頓足曰：「振飛一定後悔。」果如其言。定公好客，葦窗兄說：「到臺灣拜候他，必留飯，三人（連定公妻十雲在內）共桌，菜餚八碟，而碟碟色香味俱全。」海派作風，至老不改。

繼定公者，非有一面緣的朱子家（金雄白）莫屬，所作《春江花月痕》，臺灣書局為求銷路標以「嫖經」之名，實係對朱氏大大不敬。朱子家自序云——「章臺折柳，嫖賭吃喝，浪蕩逍遙，過去半生，自覺頗不寂寞。數十年跌宕歡場，曾享過無窮豔福；半輩子青樓一夢，衹賸得滿腹嫖經。」雖云嫖經，實是上海三四十年代的風月史，既是旖旎春光，亦係殘酷地獄。跟定公不同，朱子家對下級妓女充滿同情，文筆不逮定公，憐惜紅粉之心則遠勝。書中最終回，題為〈月媚花嬌懷往跡煙消雲散惜流風〉，正合余懷所說「美人塵土，盛衰感慨，豈復有過此者乎？」浪蕩歡場，必是：與妹燈下逢，到頭一場空。余舉三書，既緬風月之盛，亦涵哀憐之情！

板橋雜記
上海新文化書社印行
春申舊聞
老上海的風華往事
中國第一條鐵軌
老上海人過新年
梅蘭芳遠赴上海
春江花月夜
朱子家 著

近世風月書三種

黃霑的情緣

那夜跟夏丹姊共聚，伊啜茗，余喝酒，互道家常，忽地想起白居易〈同李十一醉憶元九〉詩：「花時同醉破春愁，醉折花枝作酒籌，忽憶故人天際去，計程今日到梁州。」末句易「今日到梁州」作「今已到仙界」，正好貼切。黃霑他去已十三年，夏丹姊對彼餘怒未消，這可理解，伊妹華娃為黃霑前妻，恩愛逾恆，卻遭捨棄，愛妹情深，氣憤自難平，本欲撰一文談之，親友規勸「人死一了百了，何必再提？」隱惡揚善，我國美德。日本人少有此習，品人評事，清心直言，是其是，非其非，還我面目。黃霑在「麗的」時期，遇到了華娃，多年前拙文〈黃霑「不文」得夠洒脫〉這樣記述——「華娃那時叫做劉淑文，在麗的電視主持一個歌唱節目。這位淑文小姐，生就一副瓜子臉，明眸皓齒，笑起來就像酥糖，黏搭搭，糯貼貼，黃霑一見就心醉。黃霑這個人，別看他有時油腔滑調，口吐俚俗粗話，其實是個鬼才，除了能寫文章外，對音樂也很有研究。一個對音樂有研究的人，去追求一個喜歡唱歌的女孩子，當不太難，何況又有『近水樓臺先得月』之便呢。劉淑文在黃霑的苦苦追求底下，終於動了芳心，接受了黃霑的求婚。黃霑跟華娃婚後相處得很好，許多人都投以豔羨的目光，以為他們會白頭偕老，想不到後來還是琴瑟失和，終致分居。」為何琴瑟失和？只因黃霑難耐男人之癢，邂逅綢繆，戀上文壇大美人林燕妮。

在某個文士雅集，黃霑宣佈追求林美人，眾友一愕，先後露出難以入信的表情，倪匡更呱呱大叫「不可能吧！黃霑！林姑娘哪看得上你？」言而有據，林小姐麗質天生，留學外國，專攻人類遺傳學，自然講究優生，豈會垂青於黃霑？沒人看好，打賭黃霑必以失敗終。孰料黃霑動用無賴哲學，仿《亂世佳人》奇勒基寶那欲擒先縱的手腕，力挫眾情敵，奪得美人歸。說黃霑無賴，並非訕笑，而係事有可證，在一個公眾場合，突然單膝下跪向林燕妮求婚，並央大作家金庸為見證人，膽大包天，旁觀者動容，當局者更動容，黃、林築愛巢。

黃霑與林燕妮在灣仔高士大廈合資創辦「黃與林」時，友人水禾田在那裏掛單，我常去串門子，林姑娘皮膚細香，富家女娘，容貌端莊，素門德婦，哪個男人不喜？黃、林濃情密意，出入必雙，羨煞我和水禾田。「黃與林」生意大好，搬去了長江大廈，事業有成，愛情甜蜜，意氣風發，只苦了前妻華娃。夏丹姊說「男歡女愛，合則來，不合則去，本是平常，可做人憑良心，對妻子總得有點照應吧！」聽得出話中有因，詢之，北京夏丹姊哀傷的說：「黃霑離去時，華娃正懷孕，挺着肚子，哪能忍受失婚之痛，嘿！那個傢伙愛理不理，別轉屁股就走了！」我呆住了，倪匡中年糊塗，可收入一半必交與倪太，還有堅如鋼的信條——「萬萬不可離婚。」故而金庸離婚他反對，對黃霑亦然，他曾說過——「我們如何胡鬧，糟糠妻不可棄，我勸金庸、勸黃霑，都不聽。黃霑還說林燕妮是他命中剋星哩！我還能說啥？」倪匡不敢冒天下之大不韙，如今夫妻相愛，生活美滿。古語說得好——「宿盡閒花萬萬千，不如歸去伴妻眠。」我嘗沉迷於女色，猶幸臨崖勒馬停。自來文人捨妻多無好結果，徐志摩棄張幼儀而就林徽音，結果墜機身亡；郁達夫離孫荃依戀王映霞，他鄉為日寇所殺，徐、郁二人屍骨無存。黃霑跟林燕妮終亦勞燕分飛，各走一邊，黃霑再娶，燕妮未嫁。人多責林燕妮，惟看過她的文章，當可了然。欣賞黃霑的朋友說是素性痴狂，便成不羈放浪，情有可原，「才子風流」嘛！黃霑有才，不爭事實，而正是此才，害了女人也苦了自己。野草閒花休採折，真姿勁質自安然！

華娃與黃霑

一道白光

葉楓歌《桃李爭春》，人間仙籟，原唱白光更妙——「窗外海連天，窗內春如海，人兒帶醉態……」歌未已，我已醉。《桃李爭春》四三年上海「中聯」攝製，白光以外，還有去年逝世南人北相的陳雲裳。白光演蕩婦，眼波流，半帶羞，花樣的妖豔，柳樣的柔，勾盡天下男人心，樹立一代妖姬形象。白光對電影，並無依戀，念念不忘的是歌曲原作者陳歌辛，誇是罕有天才，子不如父：「那（陳鋼）就比爸爸差得遠啦，這個東西要天給，唱大戲也一樣，一大半要天給，然後你就努力，你想要唱一百分哪，天沒有五十分給你，你不可能唱到一百分，有時候天只給你十分，你怎麼樣努力，你只有六十分，你要想一百分就老天爺一定要給你五十分。」這番話是白光九十年代中期接受曾慶瑜訪問時所説，我抄錄下來作為座右銘。不僅唱歌如是，任何創作都一樣，沒天分，做不好。白光率直坦誠，直言陳鋼不如陳歌辛，換上一般前輩，自是講門面話，説小兒有老爸天分，乃可造之材，白光不打誑，教人敬佩。曾慶瑜把握時機，要求白光唱幾句，年逾七十，聽得點唱，臉上仍露嬌憨微笑——「好吧！我試試！」唱了幾句《桃李爭春》，音韻猶存。

白光原名史永芬，河北涿州人，幼喜演戲，看到報上電影公司招考演員廣告，活潑、大膽的她立馬報名被取錄。為進修演技，三七年進日本東京女子大學藝術系，拜名聲樂家三浦環為師，《恨不相逢未嫁時》的李香蘭是她同學。因懂日本話，白光拍了辱華電影——《東亞和平之道》，抗戰勝利，未被視為漢奸，黃天始説「白光真有本事，連李麗華都受牽連，她卻安然無恙。」七十年代在日本朋友家中看過白光跟池部良合演的日本電影《戀之蘭燈》，三十風華，醇如美酒。著名導演岳楓是白光的伯樂，白光三部傳世傑作《戀之火》、《蕩婦心》、《血染海棠紅》，皆出自岳老爺之手。多年前，拜訪岳老爺，聊起白光、李香蘭，我以兩人風格近似，岳老爺細細分析——「白光粉面生春，雲鬢疊翠，天生麗質，坐着不動，男人魂飛魄散；李香蘭明媚玲瓏，笑臉生花，口帶蘭麝，哥兒心如鹿撞，乍看相似，實則有別。」岳老爺閱女星多耳，自是肺腑之言。翁靈文曾為白光造像，他說「看到她，我幾乎透不過氣，那股濃濃烈烈的女人味，闞琦呀！我真的頂不過去。」真有如此厲害嗎？父親四十年代在上海，見過白光——「她是一個讓男人痴迷、教女人痛恨的女人。」女人不壞，男人不愛，銀幕上傳奇演繹，私底下也是浪漫不羈，十八歲下嫁焦克剛，接住離婚，此後人生便是訂婚、解婚、結婚、離婚，心灰意冷了，誓言永不結婚，卻在六九年吉隆坡演唱時得林沖之介遇上年輕影迷顏良龍，為彼真誠感動，重墮愛河，廝守三十年，終獲夢寐以求的愛情。（註：有關白光、林沖交往，另文誌之。）

白光五九年告別影壇，是年即不幸患上血癌，奮力抗病成功，復又得子宮癌，卧床三個月，惟九九年還是不敵癌魔，腸癌奪去性命，死後卜葬馬來西亞富貴山莊。滬上趙士薈先生這樣記載——「一年之後，白光的陵墓在原地落成，墓地寬敞，佔有九個雙人墓穴，由中國設計師精心設計，材料也全部從中國進口，整個建築顯得美觀而莊嚴；正中是白光的圓框遺像，靚麗動人的笑容栩栩如生；左首墓碑刻有『一代妖姬白光永芬史氏之墓』，具名是『永遠愛你的知心人顏良龍立』，左右用楷體大字雕刻着一副對聯：『相好莊嚴，智慧殊勝』，下面的橫幅是：『如意寶珠』四個大字。」墓誌銘下面鑄有黑白琴鍵，按動石級上的琴鍵，會響起《如果沒有你》的歌聲——「如果沒有你，日子怎麼過……。」黃昏，雲生東南，霧降西北，一陣大雨，窗前花草皆濕，少頃雨歇，天外殘虹，我低吟：「白光姊！如果沒有你，歌迷怎麼過？」

上官靈鳳、林沖、白光
（由左至右）

林沖・白光喜相逢

〈一道白光〉提到白光跟林沖之間的友情，堪可一記。六二年，林沖進入日本大學藝術系影劇科，鑽研演技，雖然在臺灣拍過多部臺語電影，已備基本演出經驗，到日本後，方知學而後之不足，為求進一步發展，林沖再揹書包當學生。其間不幸，家道中落，經濟拮据，復要照顧弟妹，只好半工半讀，充當嚮導，又任李湄通譯，冒血汗，賺生活，幸運之神眷顧，得菊田一夫賞識，當上明星並參演寶塚歌劇團的舞臺劇《香港》，有了一定知名度，晚上便在東京的夜總會當歌手。林沖興沖沖地說「西城！那時候可真熱鬧，每晚都滿座，捧場客四面八方湧來，我樂翻了！」一閃亮晚禮服，斑斕孔雀毛，天生潘安貌，女人迷，男人也迷。他唱日本歌、閩南歌、國語歌，尤以邊跳邊唱《高山青》，全場傾倒。一曲畢，掌聲雷動，林沖深深鞠躬，樂在心中。日本生活，白天上學，晚上唱歌，勞碌辛苦，快活實在。

「六二年某天，應該是六月吧！我如常在臺上唱歌『高山青，澗水藍，阿里山的姑娘，美如水呀……』無意中向臺下一瞥，視線被吸住了，再也移不開！那……那不是白光？大明星，我的偶像呀！真是她嗎？我邊唱邊細心看！對！沒錯，的確是她，濃密的黑頭髮，婀娜的美身段，笑靨如花，那是白光獨有。看呀看，幾乎跑調！」通過長途電話，林沖向我細訴初遇白光的情景。他說我聽，聽得入神。

白光是偕同一個大老闆來的，坐在臺下，兩眼定定地看着林沖演出。歌舞剛畢，經理走過來要林沖過去打招呼——「我是一邊喜一邊驚，大明星呀！要見我，那可不得了呵！」坐下後，白光便讚表演得不錯，鼓勵他多唱。「為甚麼白光對你這麼好呀？」我好奇地問。林沖回道：「也許大家都是中國人吧！他鄉遇故知，倍覺親切。」夜總會裏喜相逢，掀起他鄉一段緣，白光喉嚨痛，請林沖陪她看醫生，林沖老日本，義不容辭，從此「常常喝茶聊天」。「後來我到橫濱讀賣遊樂園的劇場表演，白光不惜從東京趕來捧場，穿着豹皮大衣跟我合影了一幀照片（註：照片仍存，網上可看到），西城！明天我給你傳過來。」照片裏，四十出頭的白光，肌膚豐腴，暗帶風情月意，沒負一代妖姬美名；而林沖，二十來歲小伙子，身穿白茄克、黑長褲，踏皮靴，頭頂架太陽眼鏡，博浪風流。看到這張照片，不禁興起「潘安、尤物」之嘆。

六九年，林沖到香港，鬻唱於九龍「海天」夜總會，歌迷蜂擁而至，立無隙地，座無虛設，一炮而紅。「邵氏」算盤精，見獵心喜，邀林沖拍攝《大盜歌王》，張徹執導筒，襯以何莉莉，這是當年「邵氏」的鑽石陣容。電影中有主題曲《鑽石》，黃福齡作曲，張徹配詞，林沖主唱。嘿！問題來了，林沖國語一如柯俊雄，臺灣口音重，難聽，張徹找來高寶樹、白光「鑽石、鑽石亮晶晶」一字一字教，一音一音調，姊弟重相逢，重相逢，彷彿在夢中，其實不是夢。無巧不成書，兩人同棲山林道，林沖街首，白光巷尾，常相過從，林沖訪白光家，白光禮尚往來，一來一往，友情更深。「白光姊是一個心直口快的人，坦白大膽，心中不藏話。」我促狹問林沖可有喜歡過白光？他呵呵笑：「那不行呀！年紀相差太大了，她是我偶像呀！」年齡是差距？那又不盡然，顏良龍小白光二十六年，還不是修成正果？林沖俊，心地好，是他引薦了白光與顏良龍相識。跟「邵氏」解約後，林沖在吉隆坡「五月花」登臺，老闆顏老五（良龍五哥）要求林沖介紹香港歌星來客串，林沖立刻想起《戀之火》的白光。詎料良龍見白光，驚為天人；白光遇良龍，凡心播動，兩人依偎結伴遊美國、歐洲，終成美眷。林沖近日動了腿部手術，往新加坡妹妹家休養兩週，現已復原，健步如飛，重回舞臺，大盜歌王，心繫鑽石，永不言休！

白光與林沖

沉睡二百餘載的奇書

天下書，以《金瓶梅》為至奇，是否屬實，並不盡然，今有《姑妄言》一書，當可跟《金瓶梅》並肩。猶憶三年前，友人鄭義約晤，謂有一本奇書曰《姑妄言》，全書逾百萬字，因我熟諳出版，冀代籌謀。我告伙伴謝君，一聽百萬言，未睹是書，已擺手說：「如今出版事業低迷，煌煌百萬巨著，不敢沾手。」後又商諸其他出版商，所得答覆跟謝君如出一轍，此事遂罷。今年七月上旬，鄭義來電，語氣激昂：「西城！《姑妄言》印出來了，印出來了！」興奮之情，感同身受。這五年我研讀《金瓶梅》，得着不少，如何遣句摛藻，怎樣鋪陳場面、描劃人性，都已在心，可鄭義説：「比起《姑妄言》，《金瓶梅》矮了大半截。」聽似誇張，時一披閱，不忍釋卷，鄭義實非輕狂妄言。

據鄭義考據，《姑妄言》已沉睡了二八七年而不為人知，魯迅撰《中國小說史略》，隻字未提，即在雍、乾、同三朝禁書榜上亦付闕如，何以如此？只因是書從未付剞劂，僅有二八四年前的一部手抄本。《姑妄言》成書於雍正八年（一七三〇），流傳不廣，百多年後，俄國人斯卡奇科夫奉派到北京天文臺工作，一八六三年回俄時，運走在華搜集的一千五百多種文學、宗教、歷史、天文等著作，其中也包括了這部手抄本。十年後，一位西伯利亞商人購下這批藏書捐贈給沙俄國家圖書館。這部奇書在書庫中沉睡了百年，終在一九六四年為俄國漢學家李福清發現。《姑妄言》作者曹去晶，自署「三韓」（遼東）人氏，生於康熙十年（西元一六七一年）左右，祖上隨清軍入關，定居南京。前半生江南生活，經歷由富貴淪為窮漢的歲月，閱盡人情冷暖、世態炎涼。晚年潛心創作，懷一片菩提心，寫出明末朝野眾生相，其意在勸人向善，自詡「愚而且魯，直而且方，不合時宜之蠢物也」。

書名《姑妄言》，意思便是「姑且隨便聽之」，語出《莊子．齊物論》——「予嘗為女妄言之，女以妄聽之。」書有兩種抄本，一為二十四回本，另為六十回本，如今定本《姑妄言》，乃依據二十四回本編纂，可說為古來色情小說中集大成之作，《金瓶梅》號稱色情小說始祖，以內容言之，實為社會小說（此點胡適亦認同），色情上比例甚微，而《姑妄言》實可稱為真正性文學長篇，書中所寫者有一女多男、一男多女及男女混交、亂倫、男女同性戀和人獸雜交如人狗交、人驢交、人猴交等。寫采戰法則有采陰補陽、采陽補陰，因采人反被采而致死，仙狐求采人陽精反失丹。寫春宮圖冊、春藥如揭被香、金槍不倒紫金丹、如意丹等。緬鈴、白綾帶子及角先生等淫具亦時常出現。古代色情小說中之種種套數、種種工具，均出現在此小說中，名作《如意君傳》、《繡榻野史》、《金瓶梅》、《癡婆子傳》、《肉蒲團》等書大有不逮。有人說《姑妄言》旨在宣淫？非也，作者本意在於「戒淫」，故以宣淫述淫事之禍害，反諷暗喻，語帶雙關，旨在以金針度人。書中凡寫女性心態，細針密縷，環環相扣，尤為出色。其中一回寫汪氏紅杏出牆，明顯臨摹西門慶情挑潘金蓮，卻能推陳出新，從心理上着手，描繪汪氏從愛惜名節到後來失身經過，精采紛呈——「汪氏起初紅着臉，用手擋拒，卻纏不過對方，也就情動鬆了手，不由得失了身。」作者對女性之了解，實在笑笑生之上。

若然《姑妄言》只賣性愛，即細緻出眾，難成奇書，其戛戛生造處在於揭露明朝官場黑幕。是書着墨明朝天啟、崇禎、福王三朝事跡，縷述熹宗奶媽客氏勾結閹宦魏忠賢（註：李翰祥監製電影《半妖乳娘》正記其事），上下招權納賄，賣官鬻爵，明碼實價，情況正與今同。唉！雨夜飲冰，寒徹沁脾。

奇書《姑妄言》

不要氣，只要記

橫空一個焦霹靂，滿城滿市皆響透，一齣《戰狼2》，群星失色，功夫小子創奇跡，十來天，票房逾四十億，紀錄空前。功夫小子姓吳名京，雖不致名不經傳，也非超級紅星，九五年蒙八爺袁和平提攜入影圈，九八年一部電視長劇《太極宗師》，戮力演繹，聲名稍起，再拍《新少林寺》，做覺遠和尚，成績未逮師兄李連杰。轉戰電影，拍過《殺破狼》、《奪帥》、《盜墓迷城3》、《狼牙》、《殺破狼2》，都不曾破雲霓見青天，不紅不黑，未遂成功心願，且被揶揄，受盡委屈。〇五年拍《殺破狼》，頭牌是丹爺甄子丹，吳京飾殺手阿傑，二步針，跟丹爺演對手戲，相互廝打，兩人都有真功夫。丹爺慈母麥寶嬋，乃太極名師，本身也曾在北京什剎海體育運動學校學藝，跟李連杰是同班同學；吳京也不賴，一九九四年全國武術比賽精英賽槍術、對練冠軍，功底紮實，兩雄相遇，精采可期。本是好事一樁，卻忽略了中國一句古語「一山難藏二虎」，其時，甄子丹已露頭角，吳十年浸淫，不上不下，氣勢略遜，不知怎的，丹爺覺其扎眼，嘗對人言：「武術冠軍有啥了不起，滿街都是，冠軍不一定當得上武俠明星，哪能跟我配戲！」雖未指名道姓，明眼人都知道是針對吳京，吳京焉會不知道，叵耐人微言輕，只好寒天飲冰，點滴心頭。說真的，吳京也不滿《殺破狼》，對白十來句，一逕打，曾怨道：「沒對白，我怎麼演！」爭取過，老闆白鴿眼，押寶丹爺身上，你小吳算老幾？呸！吳京忍氣吞聲，拍完《殺破狼》，再沒跟甄子丹合作。上海外婆有句名言，叫啥？想一想，噢！是——「不要氣，只要記」，教人記在心頭，卧薪嘗膽，將來有你好看！吳京真做到了，一部《戰狼2》，揚眉吐氣，名利雙收。上海電影界朋友告我「小開！價部電影，我看好五十億！」喲！五億已厲害，五十億，天文數字，荷里活電影也扳不上這個數字呀！潛龍飛九天，吳京變京爺，咱們丹爺的《葉問

4》可得加把勁呵！

遇白眼，遭奚落，何止吳京！吳京的同姓大哥導演吳思遠早年也碰過「雪上加霜」的苦況。話說七〇年千辛萬苦拍《蕩寇灘》，雙陳（陳星、陳觀泰）掛帥，于洋襄助，全武行，打到天翻地覆，日月無光。吳思遠自忖這部電影，必賣座，落力萬分，豈料拍至半途，主角之一的陳觀泰失蹤了，打鑼四處找，鑼響人兒杳，阿泰去了哪？偵騎四出，探子回報：「導演！阿泰投奔張徹麾下，要拍《馬永貞》。」吳思遠一聽，也不吃驚，張徹是大導，有身分，多少會講道理，何況自己身邊得力拍檔張麒是張徹親戚，「易辦事」嘛！

某夜偕同張麒跑到清水灣「邵氏」宿舍找張徹商議，一見面，誠道來意，張徹臉色一沉，不置可否！張麒道：「阿叔！我們已拍了阿泰的戲，如果他不拍，我們接不上，損失好大，你幫幫忙，勻幾日給我們！」

想是老前輩，怎麼都會放交情，可張大導原則有如不動石山，不讓步！「阿泰簽了『邵氏』，不能給你們！」（哎喲！要死快哉！）吳思遠一急，心中說出上海話，沒阿泰，血本無歸，求道：「你給我們一個禮拜，拍完即交人！」張徹搖頭。「那三天？」吳思遠自動減價，張徹仍然搖頭。吳思遠一咬唇，道：「那……那一天吧！」以為會慨然俯允，豈料張徹皮笑肉不笑，冷冷地說：「不，一個小時都不行！」冷水澆頭，吳思遠幾乎要跪下來。（不行！男兒膝下有黃金，咋跪！）張麒盡最後努力，訥訥說：「阿叔！我們已拍了Ending，幫幫忙吧！」你猜張徹怎答？他用比冰還冷的語調說：「那麼就燒了它！」《蕩寇灘》當然沒燒，起用自稱王羽親戚的小子汪禹，幪着面替陳觀泰拍完，賣座一百七十三萬，哄動影圈，吳思遠一舉成名！

上海外婆警句又響起——「做人呀！不要氣，只要記！」失意的人兒，你們可緊記！

出版遇寒冬·昔日三大發行

八二年夏天，驕陽火炙，氣溫卅六，我偕李漫山兄跑上「中原」發行找老闆，開門見山，要貸一筆錢出雜誌。老闆問是甚麼樣兒的雜誌？李漫山笑瞇瞇說「奇情蠱惑」，二話不說，即耑支票一萬五千大元。雜誌辦得好，賺錢，那就成無本生意，可惜我倆散漫胡鬧，做事貳心，雜誌捱不到三期結業，欠下一身債。老闆追了好幾回，不了了之。八十年代出版界百花齊放，僅娛樂週刊就有八九份，加上時裝、汽車、傢俬、體育、食經，林林總總有百餘，你有小本事，發行便支持。其時香港有三大發行：「吳興記」、「同德」、「利源」，我都打過交道，尤以「利源」的關係至深。

「利源」書報社的負責人葉鴻輝，掛名老闆，幕後是中資本錢，財雄勢大。葉老闆，我管他叫宗兄，眼見出版事業蓬勃，欲分一杯羹，辦了個「利文」出版社，大伸拳腳。出版兼發行，一條龍，自佔天時地利，是一門賺錢生意。我那時迷金庸和倪匡，在《明報》寫了一些文章，宗兄看到叫好，提議我為金、倪兩大家專寫一本書。有稿費賺，當不會拒，忙不迭地答應，這便是《金庸與倪匡》，全書八萬字，分兩部份，先金庸，後倪匡，各四萬字。金庸我只見過幾次，也曾代表《大任》週刊訪問過他，木訥寡言，一問一答，認識不深，光寫人物，哪有趣味？取悅讀者，筆鋒偏向辦報過程，取材自《明報》中人，得一手內幕，按序寫出，有書家評之云——「此乃《明報》創辦簡史也。」不敢言史，卻是事實無虛言。第二部份記倪匡，大不同矣，倪匡如我兄長，八十年代初來往頻仍，他的一切知之甚詳，寫來得心應手，生動活潑，套句倪匡口頭禪，便是：「好玩之極！」書家又謂「此乃奇人列傳。」史與傳合，銷了幾版，成為內地研究金庸專家的入門書，始料不及。

書成功，宗兄生意頭腦活落，某午茶聚，問道：「西城弟！你同倪匡很相熟？」我連連點頭：「熟，熟，太熟了！」宗兄瞇着小眼睛：「那請你幫個忙，叫他給書我出版。」飯局商諸倪匡，就把連載於「玉郎」出版週刊裏的《亞洲之鷹——羅開》交與「利文」。倪匡素有個不成文規定，版稅先付，宗兄哇哇叫「哪有這個規矩？」倪匡回說：「葉老闆！規矩是我定的！」宗兄無奈答應，打了支票，回程不住向我嘀咕，我加以安慰道：「一定不賠本，你老放心！」果然，第一本《鬼鐘》出版後不久，宗兄給我電話催要第二本，說：「支票打好了，問倪大哥甚麼時候交書？」從抱怨到懇求，僅兩星期，沒得講，誰教出版蓬勃呀！

「吳興記」老闆吳中興，是羅斌好友，當年《藍皮書》交與他發行大賣，奠定基業，幾十年來，一直是發行界的「龍頭」。吳老闆湖北人，湖北腔沒幾個人聽得懂，生意經頂呱呱，算盤一撥，萬人莫敵。倪匡公子阿震出版《YES！》，風行一時，「吳興記」力捧，全港娛樂週刊，他操辦了十之八九，幾乎叫得出名頭的雜誌，或多或少跟吳老闆沾上邊，精明、果斷，你有本事、名氣，一挺胸：「包在咱身上。」九六年我接手辦《武俠世界》，缺錢，「利源」出二十萬支持，事為吳老闆悉，怒道：「阿沈！為甚麼不同我講，我給你三十萬唄！」豪氣干雲。「同德」老闆鄭漢怡乃《姊妹》老闆張維好伙伴，我跟李漫山編的《情報週刊》、《奇趣錄》都由他發行。三大碼頭，幾壟斷全港發行，其他中型發行如「中原」、「向盛記」、「馬健記」，實力亦不弱，因要競爭，最支持我等缺錢文化人，你有concept，即可預支，想想那年代多浪漫、美好！「利源」、「吳興記」早結業，獨剩「同德」擔重戟，世事業凋殘殊可嘆！如今發行一本書，折扣五五分，存倉費數千，半年結賬，支票一張，不到一萬。想預支，別做夢！萬一結業，自認倒楣！出版寒冬，作家無夢！

（註：近日大眾歇業，賣力發行，又少一家，聯合獨大矣！）

倪匡與金庸

歡喜冤家難再有

天鴿傳風雨，獨坐看喜劇，肚皮笑翻。近日謝利路易去世，眾星咸表哀悼，人乃天地過客，老了走盡旅途，自然現象，不存悼意，倒是謝利此君頗有可寫處，不在其演技，而於他跟夢露的戀情。二〇一一年謝利告記者夢露是虎狼，丁娘十索，弄得他苦不堪言，得了便宜賣口乖，尤物死後方洩密，君子不為，可恥極矣！論彼演技，平平無奇，一逕誇張而乏深度，五十年代電影《糊塗老友》夥拍甸馬田，小小的我入場是看阿甸，謝利「下把」而已，一精一獃，相互戲謔，歡喜冤家。天下事合久必分，五六年，兩人拆夥，謝利浮浮沉沉，聲勢稍歇。六一年，「皇后」戲院開幕，周錫年爵士主其事，首映謝利的《錦繡華堂》，不脫舊風，了無新意。謝利一生較好的電影是一九六三年的《化身教授》，一人演兩角，影響深遠，占基利從中偷師，拍成《變相怪傑》向謝利致敬。謝利的搭檔甸馬田，是法蘭仙納杜拉知交，法蘭跟黑手黨熟稔，甸馬田的發展因而遠比謝利順利，能歌善舞，挺刮瀟灑而富男人味，女人都愛，只是命長不如謝利，九五年聖誕日已赴天堂旅行。

荷里活影壇上的歡喜冤家着實不少，最早看羅路、哈地黑白電影，有趣滑稽，印象不錯，大抵要比甸、謝的硬湊亂併高一籌，惟真正教我夢繫魂牽的是積林蒙跟和路達麥陶的組合。許多年前在戲院看《扭計師爺》，述報界黑幕，刻劃人性之貪婪醜陋。和路達麥陶演吝嗇報館老闆，積林蒙飾正直戇記者，一邪一正，一毒一呆，説、噱、逗，洽於一爐，精采紛呈。其中一場戲，迄今未有或忘（註：以下故事裏的對白純憑記憶）。積林蒙因採訪頻繁久未放假，向老闆和路達麥陶請假，心中十五十六，以為刻薄老闆定必拒絕。老闆問請假因由，答以約了女友晚餐，老闆笑吟吟：「那恭喜你了，跟佳人共飯，人生樂事，豈能阻你，enjoy yourself tonight！」照准。積喜不自勝，用保特跑速奔赴酒店，女友早在座，點了餐，低斟淺酌，羅曼蒂克。女友素知老闆陰鷙狡詐，不安地問：「老闆真的給你放假？別騙我喲！」積道：「真的！老闆看似計較，只是做事認真，我是報館裏的第一把手，他不能沒有我！哈哈哈！」得意不已。未幾，侍者來請聽電話，原來是老闆來告城中出了一宗驚天大新聞，說已派其他記者趕往採訪。積問派了誰？老闆說了名字，積一聽，大喊「他……他三腳貓，怎行？」老闆道：「他行的，一定完成任務，你安心吃飯吧！」輕描淡寫，還教他好好哄女友。積頓足：「那頭大笨鳥，哪能拿得第一手資料！」老闆輕輕回答：「積！你安心吃飯吧！難得有假期可陪美人兒呀！報館這裏，你不用擔心咯！」隨即掛上電話。積回座，坐立不安，女友問其故，坦然相告，言未休，已忍不住，拔腿便跑，邊跑邊叫：「沒我，哪行！」整場戲的鋪排、對白、演技，都屬一流，喜劇渲染底下顯露人性的醜陋和弱點，尤為難得。

電影結尾也是一絕，積最終受不住老闆的千般折磨，痛下決心呈辭跟女友旅行結婚，老闆挽留不果，脱下腕上金錶相贈，情意懇切，積堅拒不果，只好收下，拜謝而去。甫出門口，老闆即致電警局宣稱積偷去他的家傳手錶，並告以目的地。放下電話，和路達麥陶那狡黠陰沉的笑容，今猶在眼前。積林蒙、和路達麥陶的演，比利·懷德的導，是荷里活喜劇絕配，後繼者如占基利等，任憑如何仿效，終遜半籌。古云：長江後浪推前浪，如今我為一轉語，請君附耳仔細聽——後浪豈能勝前浪。積、麥二人已逝，要重溫「歡喜冤家」類型的上佳喜劇，只好求諸網上重溫耳！晨早風雨大，十號高高掛，人家花落盡，今日蝶來少！

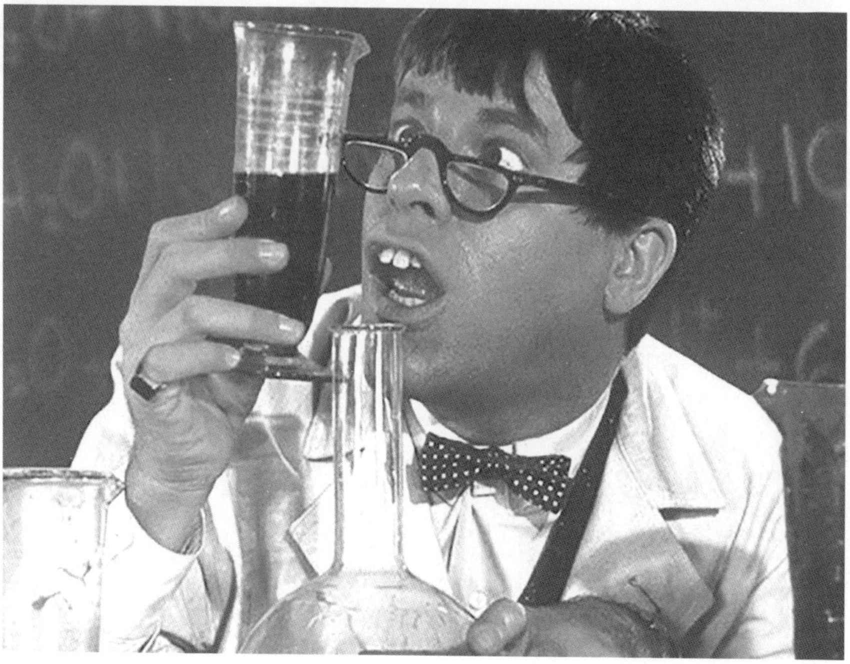

《化身教授》劇照

Goodbye 平尾SAN

日本音樂巨匠平尾昌晃七月二十一日肺炎去世，得歲七十九，陳美齡流淚憶前塵——「我啲時喺香港唱歌，麗的時代演出個慈善晚會，佢都有份演出。我俾咗第一張唱片俾佢，佢返到日本同日本唱片公司講喺香港聽到個女仔把聲好聽，好細個、好得意！之後日本唱片公司就搵我，如果唔係佢，我唔會去日本唱歌，佢係介紹我去日本嘅恩人。」說得真確，沒有平尾昌晃，哪有小美齡！七二年，我在東京，不諳日語，電視聽歌消閒，陳美齡登臺，香港精神，手掌拍紅，歌聲拔尖清亮，日本樂壇罕有，迅即爆紅。平尾看重她，為她寫了《草原光輝》、《星願》，人氣更盛。美齡出道早於鄧麗君，跟山口百惠、森昌子、淺田美代子同期，今已是流行樂壇的前輩人物了。七八十年代，日本有三大作曲家：平尾昌晃、三木高志和都倉俊一，平尾捧紅陳美齡、五木宏和小柳留美子，三木力挺石川小百合，而都倉是山口百惠的恩師，三人之曲旋律優美感人，各有特色，我較喜三木高志。三木、石川的組合，演歌味濃，幽怨孤清，正合遊子心意。平尾名曲，當數五木宏主唱的《夜空》，七十年代初，此曲唱遍街頭巷尾，傳到臺灣，寶島歌王青山首唱，謝雷繼之，鄧麗君也軋一腳，都有不及。五木濃眉小眼，憨厚篤實，歌來低啞沉穩，別有韻味，五木憑此曲火紅，視平尾為畢生恩人，平尾去世，五木淚下如雨。日人感性，倘是香港，老師死了算啥，還要數他的不是呢！聽說平尾心底最喜歡的是小柳留美子，小柳明眸善睞，膚如凝脂，身軀纖小似香扇墜。看過她的寫真集，碎花裙、魚網襪，從容怡然，氣柔色靡人。七二年，平尾力作《瀨戶新娘》，小柳演唱，響徹四島。跟陳美齡不同，五木、小柳聲名一直延續，尤其是五木，跟森進一並列當代歌王，沒人能超越。

平尾昌晃，出身音樂世家，古典音樂作曲家平尾貴四男是他的伯父，少有長才，三歲聽爵士樂唱片，已入迷，十一歲參加業餘歌唱大賽，唱英文歌，得鐘聲三下合格，從此跟音樂結下不解緣。住在茅崎時，進爵士學校，認識日後的大歌星越路吹雪後，耽溺音樂，讀書不成，加入樂隊，成為洋琴手。五七年在爵士酒吧巧遇導演井上梅次（曾來香港加入「邵氏」，拍了不少歌舞電影，一齣《香江花月夜》令何莉莉紅上加紅），獲彼之介，參與石原裕次郎主演的《喚風男》演出，憑此關係，翌年加入「英皇」唱片公司。我聽過平尾的歌，不俗，五八年、六〇年灌錄的唱片《星星甚麼都知道》和《美代妹》，得百萬紀錄，一躍成為名歌星。

在日本，走紅的明星、歌星，或多或少跟「暴力團」沾上關係，一代歌姬美空雲雀，人人皆知是山口組三代幫主田岡一雄的誼女，大樹遮蔭，美空在娛樂圈無往而不利。二〇〇四年我往大阪，得晤田岡一雄兒子田岡滿，一見如故，杯酒正酣，忽抱住我的胳膊說：「沈SAN！你在日本拍電影，要找哪個明星，請告訴我，我都可以為你辦妥。」我是窮光蛋，哪有資本，只好陪笑。平尾六五年，因非法藏有槍械被捕，他解釋槍是名古屋暴力團組長所贈，由於是名歌星，從輕發落，拘留二十二日作罷。歌而優則作，踏入七十年代，平尾致力作曲，以演歌沉穩的旋律為基調，衍化出種種不同風格的新曲，平尾曲，五木、小柳、美齡唱，大凡有井水處，都有平尾歌謠，不遜柳永。平尾好為人師，七四年創立「平尾昌晃音樂學校」，分校遍設札幌、名古屋、大阪、福岡等地，教學認真，培養出松田聖子、倖田來未、後滕真希、西田愛等閃亮群星，光耀歌壇。今夜風雨驟來，心裏泛起鄧麗君歌聲：「Goodbye my love，我的愛人再見……」Goodbye！平尾SAN！

平尾昌晃為陳美齡寫了
《草原光輝》

吳鶯音智退黃金榮

時維抗戰勝利後上海，夜幕低垂，華燈早上，仙樂斯舞廳堂皇典麗，銀燈瀉月，琴臺映以足燈，舞池施以亮磚，紅男綠女，薄酒起舞。紅得發紫的吳鶯音手握米高峰，用低沉的鼻音訴唱着《斷腸紅》——「陣陣的春風，吹開了斷腸紅，片片的甜蜜記憶，重回到我心中……」一聲新雁三更雨，何處愁人不斷腸。音樂止了，下臺正想轉身進休息室，忽地經理匆匆跑過來，喊着：「吳小姐！吳小姐！等一息！」吳鶯音止步回眸：「啥事體？」經理氣喘喘道：「有個客人想請你過去坐坐！」吳鶯音柳眉一抬，暗忖：「我唱歌從不坐枱子，儂又勿是勿曉得！」當下望向經理，投目示意。經理會意説：「我當然曉得，只不過，這個客人……客……人，弗好得罪！」管你是哪個大好佬（名人），本姑娘就是來個不理睬，一扭腰，逕往後臺走。經理急跺腳，暗罵：「小娘皮，勿曉得人情世故。」回到休息室，吳鶯音吁口氣，吃口茶，還未舒齊，經理又奔進來。吳鶯音惱了，鳳眼一睜，瞪着經理，只見他背後跟着一個胖嘟嘟的中年男人，有點兒眼熟，卻想不起是誰。經理走到身邊，低聲叮囑：「吳小姐！黃先生來看你！儂有的分寸！」聽得「黃先生」三個字，吳鶯音的心咯登了一下，對方非別，乃是赫赫有名的上海灘大亨黃金榮。這時男人走了過來，十分客氣地道：「吳小姐！儂歌唱得真好，我聽勒幾夜天，手板拍腫，叫關好，好，好！」豎起大拇指，不停誇讚，伸手握住玉手，吃吃笑：「喲！吳小姐！儂格手又嫩又白！」吳鶯音心裏吃驚，表面平靜，微笑稱謝。黃金榮接着說：「我想請吳小姐吃個消夜，勿曉得阿賞面？」一聽，嚇煞。老實說，跟上海第一大亨出外吃消夜，正是不少夜生活女人夢寐以求的事兒，可阿啦勿是格種女人，勿來仨（不行）。吃消夜是個幌子，吃完之後，當有下文，要死快哉！怎麼辦？心裏千轉百迴，靈機一觸，淺笑一下：「謝謝黃先生賞面，我先謝過——」聽得這樣說，黃金榮一張麻皮臉綻起春風似的笑容，鴻鵠將至呀！搓搓手，心癢難熬。接下來，吳鶯音櫻口嗡張，婉語辭遜：「真勿巧，家母今早生毛病，我落場要趕回去看顧，包車勒外頭等我。黃先生！儂勿想我勿孝順唄！下趟我請你吃消夜，好勿？」得體合度，本想揩油的黃金榮，不能不顧全身分，只好陪笑說：「好好好！下一趟，下一趟我來請！」如獲大赦，吳鶯音坐上包車，吩咐車伕：「拉快啲！」包車箭也似地走在上海夜霧中。

機智化厄，鶯音了得。五七年吳鶯音來港收取唱片版稅，一群「百代」好姊妹夜宴於灣畔「東興樓」，觥籌交錯，杯起杯落，怡悅一片。忽地音樂臺上鼓聲雷動，夜總會經理走上來大聲宣佈：「各位來賓！今天晚上本夜總會十分榮幸，接待了一代歌后吳鶯音小姐——」此言一出，場上男女客人個個游目四顧，要看看這位隔別十多載的歌后身影何在？經理往下說：「我們現在邀請吳小姐為我們高歌一曲，好嗎！」

言方畢，四座掌聲起，大多數客人從未睹芳容，只好邊鼓掌邊叫：「吳鶯音！吳鶯音！」吳鶯音聽得柳眉蹙（勿懂規矩），滬上大歌星不作興客串獻歌，吳鶯音豈能免俗，咋辦？一擰粉頸，計上心頭，立即用尖八度的聲音大叫：「哎喲！吳鶯音在哪兒呀，在哪兒呀？」天哪！賊喊捉賊，人人都隨她的目光四處搜尋，何來有吳鶯音？八十年代初，我晤吳阿姐於銅鑼灣「鄉村飯店」，同座有詞聖蝶老、「花描」小汪、許佩老師，蝶老望著吳鶯音說：「小滑頭，十幾年勿看見，還是滑落（靈巧）！」吳鶯音啐了口：「勿對！蝶老！你講錯閒話！要罰酒！」蝶老一怔，吳鶯音接說：「現在我是老滑頭，要罰哇？」蝶老聞言，不住點頭：「對對對，要罰！」盡呷酒半杯。辰光過得快，吳阿姐去世已八年，明月千里寄相思，相思寄於明月中！

吳鶯音唱片

從《垂死天鵝》說三朵小花

六十年代中期，「邵氏」冒起「三朵小花」——張燕、秦萍、邢慧。三人年齡相仿，志趣相投，先後肄業於「南國」訓練班，畢業後又被送往日本東寶藝能學校習藝，都有不俗成績。回港後，秦萍參與《血手印》演出，雖非頭牌，優異的表現，教人刮目相看，很快捧為女主角，《香江花月夜》、《垂死天鵝》，奠定秦萍一線明星地位。我的老朋友王學文最喜秦萍，說她風鬟霧鬢，雙腕似藕，眉如遠山，瞳人點漆，不言傳意，每一部戲都必先睹為快。《香江花月夜》嘛，我主要看何莉莉和陳厚，其中一幕戲，何莉莉送陳厚進電梯，電梯門輕輕闢上，何莉莉悵然有失，倏地電梯門打開，陳厚微彎腰，笑容可掬，瞧着何莉莉，何莉莉不禁狐疑：幹啥呀？陳厚瞇瞇嘴道：「我想再看看你——」「你」字拖長有迴響，喲！真是調情聖手，天下哪個女子不迷？秦萍能舞，何莉莉不及，若說身段，何勝於秦，兩姝各擅勝場，互有觀眾。真正迷秦萍，始自《垂死天鵝》，飾演芬妮，活潑跳脫，清雅可人，活現了姿首清麗如春月柳的少女。《垂死天鵝》改編自當年青年作家依達的小說，羅臻導演。羅臻上海人，吳思遠的師傅，惟拍攝《垂》片時，尚未進「邵氏」，助導因而是沈淵，一個北方老實人。初詣片場的吳思遠，身分是場記，天哪！甚麼都不懂，戰戰兢兢，彷徨無依，茫茫然，一不慎，砸碎身邊道具花瓶，年資高大截的道具大怒，法蘭西、荷蘭文連珠炮發，轟得吳小子暈頭轉向，不知所措，横刺裏忽冒獅子吼：「他是新人嘛，罵甚麼，換一個便成，反正不必連戲。」道具挨罵，悻然退去。吳思遠如獲大赦，心藏感激。後沈淵老邁氣衰，入住老人院，吳思遠往探，給予援助，得人恩惠自要千年記。七〇年，秦萍拍吳家驤的《愛情的代價》，合演是「花花公子」泰迪·羅賓，彼兼唱主題曲，如無錯記，這許是泰迪所唱的唯一一首時代曲。《愛》片內容仿襲小說家徐訏的《盲戀》，故事感人，秦萍更紅。七十年代前期，秦萍蜜運成功，下嫁永安郭志彬，棄影移居美國，七六年後重回香港，隔絕水銀燈，平靜寧謐，低調自處。

秦萍是北京人，長於香港，粵語説得好，本性率真，和煦近人，偏與父親不合，老死不相往還。秦父在「邵氏」當場記，每與秦萍在片場狹路相逢，秦萍即避之若浼，視同陌路，緣何如此？聽説秦父早年拋棄母女而去，秦萍侍母至孝，恨意全投父親。秦萍死於癌症，死前已不與人晤，靜待死神，獲得善終。至於憑《萬花迎春》一舉成名的邢慧，就沒那麼幸運了，七三年息影赴美後，生意、愛情兩失，精神失常，殺母，坐牢，刑期十一年，二〇〇七年出獄後不久，鬱鬱而終。邢慧在七十年代初期，倒見過一面，上海話講得比我地道，由於同唸過「新法」，有同學之誼，談得投契，她説不簽約「邵氏」了，要結婚，我勸三思，好不容易捱出頭，結了婚，家庭以外，甚麼都沒有。邢慧狡黠一笑：「家庭比甚麼都重要。」愛情至上。她愛母親，後來卻舉斧砍死最愛的母親，誠人間悲劇。《花月良宵》的張燕比秦、邢更早進「邵氏」，也是最先赴日習藝，只是星運不佳，永遠是綠葉，成為牡丹的陪襯。有人說張燕不紅，非不漂亮，而是形象不夠鮮明，秦萍清雅，邢慧叛逆，伊人模糊不清，定位無着，註定是「二步針」。前輩釋之，還有一個原因：張燕是潮州人，跟上海人格格不入。那年代，在「邵氏」，上海話弗靈光，阿妹呀！蜀道難行。秦萍去矣，邢慧去矣，張燕猶在，是她福分。西風乍起，時序金秋，情無以遣，終與韶光共憔悴。

邵逸夫
SWAN SONG
羅臻 導演
Producer RUN RUN SHAW
Directed by LO JUN
IN EASTMANCOLOUR
A CHINESE PICTURE WITH ENGLISH SUBTITLES
垂死天鵝
主演
關山
張燕
合演
鄭文靜
馬笑儂

《垂死天鵝》海報

書影飄香一學人

在許定銘的《書鄉夢影》一書裏，讀到〈書是我的生命〉，提起馬國亮和《良友畫報》，回憶無窮。馬國亮廣東人，活躍於上海，是《良友畫報》第四代編輯。《良友畫報》創刊於一九二六年二月，八開本，老闆伍聯德兼任第一代總編輯，戮力拓展編務，畫報大受歡迎。後因私務繁重，編務交與周瘦鵑，周為鴛鴦蝴蝶派作家，寫小說拿手，畫報不在行，只好付託大學生梁得所。接任後，勵精圖治，大事革新，銷路上升至四萬份，發行全球，遍及華人足跡所至之所。後梁得所雄圖大志，另起爐灶，《良友》由馬國亮接任，業務雖穩，因戰亂影響，銷路回落。五四年伍聯德在香港復辦《良友》，六八年停刊，余友陳瀫此時接手編務，承上海餘風，再添香港色彩，頗受士林歡迎。陳瀫又名陳泰來，廣東順德人，博覽群書，精通詞學，畢生鍾情於《紅樓夢》和《金瓶梅》，專文輯錄成書，多所發明。我於八十年代初遘陳潞，年紀長於我，尊稱為陳大哥，閒時啜茗，多齒及舊文學，他屢勸我讀明清筆記以求文字簡潔而有餘韻。陳大哥長相敦厚，心意卻雜，絕不冬烘，於中國性學，所知甚豐，示我《醉翻風月鑑》、《金瓶梅演繹》，才人吐屬，言論透闢，非常人之作，作家甘豐穗奉之為不出世的大才子。

〈書是我的生命〉說到馬國亮的「生活之味精」，許定銘作如是介紹——「馬國亮說『煙、茶、糖、酒、咖啡』是生活之味精，即是平淡的生活中，若加上了這些元素，便會產生可口的滋味，使我們的生活更添姿采，生活得更愉快。羅孚說『書是生活的鹽』，即是說生活上若加上了閱讀，生活得以調劑，便不會淡而無味，豐富了生命。」馬、羅二位先生皆讀書人也，嗜書如命，許君更進一步——「不僅是我『生活的鹽』，簡直是我的生命！」這是事實，定銘早陷書鄉，一醉五十年，闖釋書影，紹介好書，無遠弗屆，輯錄成書者已有《港內的浮標》、《醉書閑話》、《醉書隨筆》、《醉書札記》等十餘部，雖是小書，有容乃大，在在體現識見博聞。《書》文短短幾百字，短小精悍，附以書影，清雅淡逸有甘香。文末又附兩組書影，皆為「生活之味精」，版本不同，內容無異，其一寫有：「定銘兄存念　俊東　二〇〇八年五月四日」，當為朋友餽贈。俊東即黃俊東，筆名克亮，六七十年代香港著名藏書家，他在《明報周刊》裏所寫的書畫集，當年成為我等小輩攝取五四文化營養的蜂巢，不少名不經傳的作家像聶紺弩、施蟄存、李劼人等，都係克亮一手介紹。克亮那時棲居道風山，兩椽石屋，其一是書室，藏書數千，週日有暇，克亮坐在書桌前看書，夕陽西下，意猶未闌。九十年代移民澳洲後，僅見過一面，贈我《獵書小記》一冊，長伴我側。《書鄉夢影》收文一百三十餘則，多為不知名作家，如段可情、周全平、畢樹棠、吳曙天、徐仲年者，今日識者有多少？定銘在「後記」中云──「名家很多人都知道了，他們的書毋須我在此喋喋不休，反而這些只出過三幾本書的『隱世』作家，雖也曾貢獻過一瓦一石，卻為大眾遺忘而湮滅，實在可惜，如今就讓我下點心思，把他們推給讀者們。」正是本晉書之旨。

許定銘的《書鄉夢影》

希夫納情迷夢露

《花花公子》老闆去世，得享九十一歲永壽，當可瞑目。一生風流，御女逾二千，吾等偶像。我不曾見過希夫納，卻跟他有緣，九零年我出任《花花公子》香港版總編輯，躊躇滿志，甫上任，就欲大事改革，去西化，添港風。計劃遞去美國總部，得來指示是：「請按美國版編輯方針」，就是「FORUM」（論壇）先行，裸照不得當先鋒，即便裸照，也須以外國女性為主。我有點忿忿不平，去信抗議。興許美國方面怕我胡來，派了海外版總裁夏里殊來港跟我磋商。夏里殊親民，仔細闡釋了總部的編輯信條後，跟我說起老闆希夫納的事跡——「希夫納本是個小演員，卻有大志，東拼西湊地，籌來八千塊美金，把自己家中廚房闢成編輯部，一個人動手，炮製了第一期《花花公子》。封面和內頁，刊登性感女神瑪麗蓮夢露半裸照。這張裸照，其實是日曆牌上的照片，希夫納低價（五百美元）問朋友讓過來，不料成為爭購對象。到第二期，出現了一隻禮服白兔，這就成為日後王國的商標。自此，《花花公子》一帆風順，成為世界首屈一指的成人雜誌。」

希夫納自幼有反叛精神，五十年代美國社會保守，出版界固步自封，他就決意用女性裸體打破束縛，倡導性開放。五三年十二月《花花公子》創刊號出版，售五十美仙，賣了五萬多本，在當時是超常銷路，男性讀者看到封面夢露的裸照，美而豔，豐而柔，骨體皆媚，無不色授魂予，酡然欲醉，瘋狂搜購。一擊得手，裸照源源不絕，徒憑裸照，不足構築《花花公子》王國，希夫納素重文士，不惜重金邀請海明威和毛姆等文豪撰寫小說。這等文壇巨匠德高望重，既肯紆尊降貴為《花花公子》寫文章，雜誌哪能不一雷天下響。正如夏里殊所說——「《花花公子》素重文化，它的論壇，針砭政事，月旦人物，俱有獨到之處，此外我們特別注重訪問。」屈指一算，名人如尊榮、卡特、卡斯特羅、阿里、霍金、石原慎太郎都曾接受過訪問。我以卡斯特羅也為訪問人物而驚奇，夏里殊笑道：「這又何難，希夫納先生神通廣大，能人所未能。」說時，洋洋自得。希夫納身邊美女如雲，不可勝數，可他獨鍾情素未謀面的夢露，生前斥資七萬五千美元在夢露下葬之所「洛杉磯西林樹紀念墓園」買下毗鄰墓地，以便百年後跟夢露為鄰。九月三十日，希夫納悄悄下葬此地，終償同夢露千年共枕之願。

回說香港版《花花公子》，創刊者是鄭經翰，八六年十二月首版發刊即售罄，緣何如此好賣？在於封面寫真女郎是香港小姐鄭文雅（寫真攝於菲律賓孤島），頎身玉立，慧俊婉轉，人人爭看，哄動全城。創刊號，鄭大班恪守傳統，裸女寫真外，還有臺灣著名女作家施叔青和南美名家馬基斯的小說；重點訪問，人物是星馬巨商莊清泉，一如希夫納，腰纏百萬，美女無數，正合《花花公子》一貫風格。嗣後，《花花公子》

在鄭大班主政下屢創佳績，尤以刊登葉子楣的三點不露寫真，銷量逾十萬餘。後《花花公子》轉售與林建名，種種原因，聲勢大不如前，捱至九三年停刊。我曾問過鄭大班為何放棄蒸蒸日上的《花花公子》？他道：「那時候我要做資本雜誌，合約上有抵觸，只好放棄《花花公子》。」港版《花花公子》從此永別香港。

希夫納情迷夢露

金秋點滴

(一)村上又落榜

「砧杵敲殘深巷月，梧桐搖落故園秋」，秋涼好加衣，只怕病來磨。每年十月，日本人大都緊張起來：村上春樹會否奪得諾貝爾文學獎？今年盛傳日本作家有機會奪魁，希望再燃，結果真的是日本作家，可惜不是村上而是聲名不顯的英籍日裔作家石黑一雄。香港讀者大抵不太熟悉石黑吧，就是喜日本文學如我者，也只看過九三年改編自他原著小說的電影《告別有情天》。石黑少產低調，目前為止，僅出版過八部小說，五歲移居英倫，日人心中已是徹頭徹尾的異鄉人，豈值得大事慶祝。島國人民器量淺窄，報章發消息，不冠漢字，只標片假名，說狹隘，不足怪，石黑是英籍，得獎名譽歸英國，正如當年高行健登榜，也是法國人的事，跟咱們中國無關，直至莫言獲獎，中國文壇才沸沸揚揚起來，奔走相告：「中國出現第一位諾貝爾文學獎作家了！」可有甚麼大驚小怪的？近年諾獎已不吃香，一是出不了海明威、川端康成、馬基斯那樣的巨匠；其次，八百萬港幣的獎金，在大作家心目中，輕如鴻毛，羅林一書版稅已過億，讀者數量之多，遠非諾獎作家所可比，今日世界重利，不得諾獎，沒影響，馬克吐溫、托爾斯泰，不也是沒得過獎嗎，聲名不墜！說起來，村上比他的前輩西脇順三郎七屆提名更厲害，連續八屆入圍而與獎擦肩而過，憑此已無人懷疑村上君寫作的能力矣。

有香港教授認為村上不獲評委青睞，跟他用日語寫作有關，石黑一雄寫的是英文，自然佔了不少便宜，看似有點道理，可川端康成、大江健三郎寫的也是日文呀，緣何得了獎？卡繆（法）、托馬斯．曼（德）、聶魯達（智）等皆用母語寫作，天公地道，豈會影響得獎機會？村上拿不到諾獎的原因，早已為文說過了，簡言之，「作品歐化，沒有根。」沒根的作品，猶如病人，強不起來。

（二）牌頭小脾氣大

電影最得益者，自是幕前明星，紅火了，片酬數以千萬計，甫登龍門變臉，事非罕見。近日香港導演朋友籌拍一部時裝動作電影，想到其中一個角色，甚宜某港星的內地小丈夫飾演，於是通過中介人約晤。導演興致勃勃敍述故事，細細闡釋角色性格，小丈夫側着頭、瞇着眼睛聽，半晌，不發一言。導演耐不住問想法，小丈夫回道：「角色這個樣子，你教我怎演、怎打？」言語冷漠，神情不屑，導演登時嗆住。小丈夫目前還不是「大卡」，只是比以前柴門無人識時風光了點兒，偶在外國電影中跑跑龍套，已崖岸自高，不可一世。

相識的髮型師跟我聊天，問他明星可好服侍？回道：「有易有難！」以為大明星多麻煩，非也！髮型師說：「愈是大明星愈客氣，好服侍，像梅豔芳、張國榮，你替他們弄頭髮，哥前哥後的不住稱謝！怕我們累壞，不時萬歲。」咦！豈非優差？且慢！髮型師續道：「最怕的是那些有點名氣、自以為大明星的姑奶奶——」一聽話有因，追問是誰？髮型師搖搖頭：「為存忠厚，名字不說，是那個臺灣女演員，才兩日戲，到了現場，指指點點，不可一世，光弄頭髮足足花了兩個多小時，左挑右剔，耽誤拍戲。導演火了，對天發誓，永不錄用。」大王易請，小鬼難侍！我的媽！

石黑一雄

別讓我走
Never Let Me Go
Kazuo Ishiguro
石黑一雄
被埋葬的記憶
The Buried Giant
Kazuo Ishiguro
石黑一雄

賽馬講運

一到古稀，娛樂漸少，夜遊戒之，麻將去之，足球博彩除之，獨是賽馬，棄不得，到底是上癮五十多年的玩意，決心多大，仍戒不了，小注怡情，豪賭傷身，至理名言，一生恪守，尚未成敗軍將喪家犬。人人說賽馬難，「賽」當是「賭」之誤，我們乃馬迷，不可能跨上馬背，勒令畜牲賽之，此乃口誤。賭馬難嗎？說難不難，說易不易，贏錢「易」，輸錢自「難」。問老馬迷，半生戰果何如？回說「HALF AND HALF！」老馬迷金山阿伯，愛講臺山英文，積習難除，當知弦外之音，是輸多贏少。資深賭馬專家張福元，精研血統、步速快慢，可下注小，他非賭馬而以賽馬為樂，這類超然馬迷，少之又少，大部份都如同沈大哥，求贏不望輸，最好刀仔鋸大樹，中孖T、三T、四重彩。此非妄想，朋友中人常有中三T、孖T者，二元一注，動輒過萬，吾垂涎欲滴。吳導演思遠鍾情孖T，通常狙擊第一口，重槌下注，多揀週三夜賽，蓋出馬少，最多十二隻，便於選擇。思遠投注方式，一是用膽拖馬七至八隻，五元一注，次則五六匹馬互串，資本凡四五千，惟其派彩，往往幾萬以至一百萬，當有厚利。近日出擊得手，十元一注，得彩金二十萬，羨煞我輩，欲效之，則不果，馬本不多，雄心未足，只好望「吳」興嘆。

也有朋友如貝主席鈞奇者，專攻三T，每至馬場，必先下注四、五、六場三T場次，埋首劃票，一劃盈疊，粗略數之，有二十多張，是則注碼在兩三萬間。初見阿貝如此手狠，狐疑而問之曰「貝主席！把握可大乎？」阿貝左手一托眼鏡回說：「當有把握！」於是細訴戰績，原來最高中過幾百萬，最低十萬，彩金誘人，當然搏命。說來奇怪，幸運之神，總跟着阿貝走，親眼目睹他中了好幾次三T，最近一次是本月（十月）十一日夜賽，早在幾天前，阿貝來電邀約說「我訂了房，恭候沈先生、吳導演大駕光臨！」訂枱本是為名下馬匹打氣，可排位前練馬師來電懇讓位，名下另一匹短途馬有良機，阿貝器量素大，不以為忤，既訂房，就廣邀朋友共聚一醉。朋友皆知阿貝是「三T王」，問今回下注多少？阿貝說：「沒買，我剛從外地回來，沒好好看過馬，沒靈感。」有朋友大喊：「阿貝！你一定要買，萬一中了，豈非挖塞！」阿貝豁達：「那也沒辦法！」那朋友死纏要他買，只好應命，拿了彩票，坐下低頭猛劃。買了一疊票回，細細對核，怪叫起來：「糟糕！劃錯票！」朋友訝而問其故？原來尾關「五號」劃了「四號」。那攛掇阿貝買三T的朋友說「不打緊，錯有錯着！」阿貝一笑置之。四、五兩場，阿貝有兩張票中安慰獎，拿巨彩，當看尾關。第六場開跑，眾人跑到欄邊吶喊打氣，迨到最後五十，數馬衝刺，阿貝那隻「四號」，率先衝過終點，隨後兩匹亦在彩票之列，朋友們（包括我在內）振臂握手大嚷：「好嘢！」派彩一百八十多萬，阿貝中二元，彩金三十六萬，不為多，惟全港中彩者僅他一人，是則威過威士忌矣。四號馬乃「大運起」，說明大運，果如其言；至於五號曰「快樂寶貝」，亦跑第一，乃是從後數上來，成「失望寶貝」耳。「四」「五」一格之差，結果迴異，賭馬講運，信焉！

滬式小吃

齒齡徒增，嗜吃，我為滬人，口味偏濃油赤醬，喜紅燒肉、滷牛肉，每頓以之佐飯，百吃不厭。醫生云「紅肉多，易損身體，小吃為宜。」近年怕死，戒除大半。紅肉中，猶喜金華火腿，老外西班牙火腿，薄如紙，味亦佳，惟不逮吾國。文豪梁實秋喜歡吃，他說從前北方人不懂吃火腿，嫌其油膩澀味，故只取清醬肉，火腿由南傳北，漸漸地北方人也能欣賞火腿。吾人吃火腿，必挑金華火腿，惟最好吃的乃金華附近東陽縣所製，《東陽縣志》云——「薰蹄，俗謂火腿，其實煙薰，非火也。醃曬薰將如法者，果勝常品，以所醃之鹽必臺鹽，所薰之煙必松煙，氣香烈而善入，製之及時如法，故久而彌旨。」東陽上蔣村蔣氏大多以製火腿為業，因而「蔣腿」最為著名，反之在金華本地未必能吃到上好火腿，蓋上品已銷行海外各地。曩昔上海，天福市的熟火腿最香，梁氏每經大馬路，必買四角錢，店員利刃切成薄片，瘦肉胭紅，肥肉透明，視覺上已可得滿分。這種火腿，我年幼時亦曾嚐過，母親在春秧街「同順興」購得，予家父佐酒，我立侍於旁，得分賞數片，嚼之，味鮮肉香，可進飯兩碗，真非美國、西班牙等火腿所可比。

火腿外，家父亦喜醬豬肉，此為蘇州小吃，以「陸稿薦」最著名，六十年前，北角碼頭有家同名小店，當係沿用，是否老店南遷，無可稽考，但所做醬豬肉，至為上乘，皮紫而稔，故曰「醬豬肉」，入口即化，最宜牙患老人家，外婆每頓可吞三塊，終於得中風病。其時，人都乏醫學常識，甚麼膽固醇、脂肪油，全然不懂，只要有好吃的東西，即大快朵頤，管它身子何如，壽命若干！吃東西，無戒心，其實是一種福分，如今的人，每遇美味，尚未動箸，醫生忠告已在耳——「閣下膽固醇已超標，血糖高升。」每念及此，還哪有胃口進食！縱然山珍海錯在眼前，也得視若無睹，想長壽，吃蔬菜、蘿蔔吧！

如果問我最愛哪種小吃，麵是第一選擇，我獨嗜陽春麵，陽春雪白，幼細麵條浮於濃湯上，灑以蔥花，衛生健康。別看一碗陽春麵，做得好，實不易，麵條最講究，以幼麵為主。曾吃過一家麵館，陽春麵端上來，用的竟是闊條麵，既視覺受損，味蕾亦消，要知道，陽春麵絕不可輔以闊條麵。也有店家創新，用類似油麵的粗圓麵，則更風馬牛不相及。小吃者，愈是簡單，愈考工夫，香港的陽春麵，吃過的，以舊日啟超道「老正興」最好，唐教主生前，常與我共飯於此，每至，我必挑陽春麵，伴以炒鱔糊、韭黃、蔥花，口味之佳，無與倫比。不喜鱔糊，可揀「雪菜肉絲」、「榨菜肉絲」，甚或「五香牛肉」，要點是湯與麵。有時不吃麵，取薄餅，古人有春天吃餅習性，《通俗編．四時寶鑑》：「立春日，唐人作春餅生菜，號春盤。」春盤即後來所謂春餅。春餅盛行中國各省（現已式微），而薄餅，似乎是北方人的專屬，有大小之分，現今香港則無如此講究。以前跑馬地「松竹樓」薄餅一絕，皮薄沾粉，用手捏之，手帶粉末。薄餅是要捲菜吃的，講究的分熟菜和炒菜，香港北方店家多配炒菜，為韭黃肉絲，偶然蓋上一張攤雞蛋，叫「戴帽」，其味絕佳。「松竹樓」歇業後，大漢天聲，已成絕響，要吃好的薄餅，近乎奢望。

金華火腿

粵劇興旺難再來

幼時，隨女傭卿姐往看「大戲」(粵劇)，獨愛看北派翻騰、挑槍而不喜唱曲，及長，興趣移向電影，粵劇棄如敝屣。近年，身邊朋友有熱愛粵劇者，日夕鼓吹振興，舉「新光」戲院排日演劇，證有復甦之象。粵劇能復甦當是好事，只是在我看來，行之不易，粵劇的輝煌年代早已大江東去，一去不返，這或是喪氣話，卻是事實。其實，我們口中的粵劇，一向行的是「天才波」形式，便是某個年代有出類拔萃的老倌出現，粵劇便輝煌，最顯明的時期，乃是第二次大戰前那幾年間，亦即薛覺先、馬師曾的黃金年代，薛、馬爭霸，這是愛粵劇的人都知道的，當然那時候，還有不少日後成名的老倌，不少前輩也不曾凋謝，薛、馬只是稱呼上的代表人物。最近翻看陳潞大哥鴻文，深有體會，是：「粵劇從來並未真正上過軌道，從前的興盛是『打天才波』，在時勢有利的狀況下蓬勃了好幾十年，戰後形勢不利，立刻頹然倒下，再也難扶。」

說粵劇輝煌，有前後期之分，兩者截然不同，前期傳統，後期革新，這中間又有革新時期，陳潞說——「我們屢次聽談粵劇掌故的人說，朱次伯、李少帆等始創平喉。這便是過渡時期的一大革新。其時大概早於今日大半個世紀。」談到粵劇的起源，我想這可追溯到宋朝，陸游《老學庵筆記》載：「政和年間，京師有廟會，有逐疫鬼表演，徵集桂府（今廣西）面具，老少俊醜俱有。」政和乃宋徽宗年號，距今九百餘年，據陳潞記載，粵劇研究專家陳鐵兒曾與澳洲學者馬克林博士，會同馬蒙教授、羅香林等反覆研討，都說明粵劇源始宋朝。周去非《嶺外代答》云——「桂林儺隊自承平時名聞京師。曰靜江諸軍儺，而所在坊巷村落又自有百姓儺。嚴身之具甚飾，進退言語咸有可觀，視中州裝隊仗似優也。」依其描述，很可能係粵劇前身。我非粵劇專家，聽到粵劇臺上曲白多半是戲棚官話，因此相信最初粵劇和京劇是同源——皆自崑曲衍化，只是崑曲演變為京戲後，雖然適應了潮流步入大眾化，並不庸俗粗鄙。可粵劇卻不同，一離經便叛道，優點愈來愈少，又不注進新元素，根基一直薄弱，就難以與京劇抗衡，這正是我所說的「天才波」。簡而言之，就是要靠才華橫溢的老倌支撐，這才興旺，不然，只會衰頹下去。造成這種現象，便是能革新的人物太少，而抱殘守缺之士太多。

在傳統與革新時期中間時期，出現了兩位人物，朱次伯、李少帆，開創平喉，其後蔚然成風。可朱次伯創平喉，引起守舊派圍攻，云「從此伶人只重露字，不重運腔使氣。」革新者成了粵劇罪人，罪名不小。可見「封閉」拖延了粵劇的成熟和進步。陳潞云——「粵劇歷史也許和京劇一樣長，但京劇的傳統向來被嚴謹保存，藝員稚齡坐科，受最嚴格訓練，灌輸傳統與激發天才都在這時期。廣東人不耐煩這一套，聽來聽去的『江湖十八本』。」不重傳統，何來改革，京劇保守，人才大量投入，只是不露痕跡，梅蘭芳、程硯秋亦素重人才，齊如山、羅癭公、趙叔雍等一流戲劇家、詞人、詩客，都為堂上清客，彼此切磋、考驗，這才定音。反之，粵劇在各方面都是隨意疏鬆，曲詞多抄，老倌爆肚，樂器南北和，説是創新，實是胡謅。近幾十年，大抵只有「任、白」的「仙鳳鳴」走對了路，重用唐滌生，《再世紅梅記》成瑰寶。唐氏早逝，粵劇難有新發展，嗚呼！哀哉！（註：粵劇近日興旺，實李居明大師之功，要想再邁一步，仍須努力。）

Crown
唐滌生編撰
再世紅梅記
主題曲
任劍輝
白雪仙
合唱
HYBRID
STEREO
SUPER AUDIO CD
Plays on All SACD
and CD Players

經典粵劇

餛飩·渾沌

雲吞陣陣香，垂涎足三尺，路過麵店拈得打油詩半首。雲吞（原作餛飩）人人吃過，好此道者，夥矣，舊日老香港，下午茶時段多以雲吞麵果腹，近年稍歇，仍為大眾歡迎。若說冬至吃雲吞，大抵所知的人並不多，周密的《武林舊事》有云「冬餛飩，年餺飥（湯餅）。」足見宋朝已流行此物，其在冬至的地位宛若糭子、月餅在端午、中秋。「冬至大過年」，人人聽過，何以此也？這涉及古代對時序的演繹，陰陽來復，天然之序。「夏至一陰生」，「冬至一陽生」，陽為眾人所喜，故冬至大過年。餛飩到了省港，有人嫌它筆劃複雜，略為簡化成「雲吞」，兩者風馬牛不相及，陳潞釋之曰——「雲吞兩字，倒讀為『吞雲』。當此物煮熟，浮沉於湯中時，恰像一朵朵飄浮空際的雲；而人們把它們舀着向口裏送時，豈不就是『吞雲』了？」如此解釋，倒也嚴絲密縫，給對上了，至於何以叫「餛飩」？陳潞也有絕妙解釋——「餛飩之得名，與『渾沌』當有棒打不開的關係。渾沌乃渾元一氣，陰陽未分之象，亦作『混沌』。」

古代，餛飩花樣多，宋朝盛行蟛蜞餛飩，顧名思義，就是以蟛蜞為餡（註：蟛蜞是一種小蟹，粵人稱蟛蜞，寧波人最喜吃，用酒浸之，其味鮮似醉蟹）。不過，用蟛蜞作為雲吞餡料，有食家批之「不倫不類」，我非但未吃過此物，也未曾見過，想來早已跡絕，然而，想遠一點，蟛蜞製為雲吞，似無不妥，雖未啖之，料想味近「蟹粉小籠」，然則味鮮香溢，緣何會被人譏笑？古人吃雲吞，款式多，有鴨肉雲吞，清人獨逸窩退士輯《笑笑錄》收元人方萬里雲吞詩云：「菊花與汝作生日，螃蟹喚吾入醉鄉」、「跳上岸頭須記取，秀州門外鴨餛飩」，秀州即今日浙江嘉興，可見元朝人民愛吃鴨雲吞。香港無此物，以肉為主要餡料的，當推雞肉雲吞，昔北角「四五六」菜館有供應，皮厚，雞肉多，余母嗜此，我則以雞肉未必係包雲吞的理想材料。陳大哥生前跟我聊起雲吞，以「鴨肉」入料較佳。何所云乎哉？他道——「阿弟！雞同鴨比較，猶如牛肉與豬肉之比，鴨、豬之味較腴美，雞、牛則較清鮮。」雲吞偏腴，故以鴨、豬最宜，的是高見。凡售雲吞、餃子、鍋貼的食店，鮮有以牛肉作餡（除清真館外），可見其概。

香港鮮蝦雲吞，名聞中外，不少麵家被列「米芝蓮」榜上，洋朋友來港，必要我帶往吃雲吞，蓋外國無此美食。老父朋友朱先生，老廣東，對鮮蝦雲吞頗有異議，以小雲吞裏塞入一枝小指頭的蝦肉，間接排擠了其他佐料，則不合「渾沌」之意。朱伯伯是一流食家，惟對鮮蝦雲吞似有挑剔之嫌，據説戰前廣州「池記」雲吞水準奇高，作料離不開肉、蝦、雞蛋，現包現淖，別饒風味。多年前赴廣州公幹，啖雲吞，則已失其真，不如香港甚。雲吞加銀絲細麵，即為「雲吞麵」（註：上海鮮有雲吞麵），宜小碗上，雲吞小而精，麵幼而彈牙，上湯和之，是為精品，今人別出心裁，供應大雲吞，標榜抵食，識者不取。老實説，要在香港吃一碗上佳雲吞麵，並不容易，昔銅鑼灣畔有家「華麗園」，水準最高，惜後轉售年糕，如今灣畔多麵店，真具水準者的不多見，我較喜「何洪記」老店。

雲吞陣陣香，垂涎足三尺

上世紀南北才子

每到十月，總想起老大哥蕭銅，往事如煙，歷歷在目。多年前某個黃昏，在健康邨的小酒館跟蕭銅聊天，一包花生米，半瓶二鍋頭，成了他的晚飯，我提議斬一碟鹵味，他雙手猛搖：「沈老弟！不可不可！燒味鮮，奪酒味！」他以酒為先。我嫌二鍋頭辛辣，寧取啤酒，蕭銅訕笑：「老弟不懂喝酒。」蕭銅好酒，跟思鄉有關，本籍江蘇鎮江，生於北京，自詡北京土民，家境貧寒，衣食不足，以酒取暖，成為劉伶。初識蕭銅之名，緣於金銓，彼寫劇本，每遇老北京問題，呱呱大叫：「不用查，找蕭銅！」他心中，蕭銅是北京通，尤其是京劇，鉅細皆諳，香江無人能及。余友江上舟亦在報上談京劇，蕭銅嗤之以鼻道：「他只略懂海派京劇，京派他算老幾？」輕蔑之色，溢於言表，翁午老父靈文心慈氣和，屢勸：「忝屬同文，口底留情！」蕭銅直性子：「留個屁，我實話實說。」偏巧江上舟也是倔驢，不服氣，在報上與彼論戰，你一刀我一劍，你刺東我劈西，爭論不休，兩人合歲逾百，仍像孩子般淘氣。記不得哪一年，許在蕭銅離世前不久，有人請飯於北角「新都城」，席上，蕭銅灌滿二鍋頭，醉態可掬，下樓梯時，腳步虛浮，我趕上攙扶，他輕輕推開我：「我蕭銅能走。」邊走邊呢喃：「沈老弟！告訴你江上舟這個人是壞胚子（忽地冒出一句上海話），有一趟，我走前他殿後，居然推我一把，幸好馬步穩，不然早見閻羅王。」聽其言似是江上舟辯不過他，便使黑手了。問翁伯伯，笑說：「瞎說，哪有這回事，江上舟是跟他爭辯，可不是那種小人！」看來，蕭銅大哥是多了心。「一九九五年十月，蕭銅在一邊抽煙一邊爬格子的深夜裏，倦極睡着了，煙蒂燒着了稿子和一屋舊書，被香港傳媒嘲為『老稿匠』的蕭銅陷身火海，救出來送進急症室去，就一直沒出過來了，帶着那一筐念舊京情懷的靈魂，在歲末趕回去了。」（錄許定銘語）蕭銅作品不少，我偏嗜《京華探訪錄》

（八〇年明報出版社），寫舊日北京風土人情，可跟陳定山《春申舊聞》比肩，今夜捧書重看，人已在天涯。

近日寫了一篇談粵劇的文章，引起反應，始料不及。有人以今日粵劇已興旺，直斥我非，這是觀點與角度問題，我筆下的興旺，在於藝術方面，並非指捧場客的多寡、票價的平貴。老前輩呂大呂生前甚推許任劍輝，嘗為文曰「任劍輝的聲，清而不濁，唱曲咬字露字、運腔在薛覺先和白玉堂之間而自成一格。」他以眾多仿任腔有成者，僅推閨秀唱家陳若荷一人耳。大呂叔可能未看過龍劍笙演出，近年曲藝大進，有乃師之風，任腔有傳人。呂大呂，人稱廣東才子，五六十年代乃《成報》副刊健筆，跟筆聊生（陳霞子）、怡紅主（余寄萍）、靈簫生（衛春秋）齊名。恩師鍾平，為《晶報》督印，素與呂大呂、筆聊生善，每有茶席，多攜我出席，予我親炙前輩良機。大呂叔雍容大度，粗眉方臉，氣宇不凡，琴棋詩畫，無一不曉，他說我擬的「新都城開幕啟事」時辰有誤，午時是指十一時至一時，而非獨指十二點，我受教。大呂叔最吃香的文字是「鬼話」，仿聊齋筆調，綠雲繡像，甚得《成報》讀者歡心。時光流轉，鍾平、大呂叔俱作古人，我師漸少，求教無人。

兒時遊戲

今日兒童，幸福滿滿，玩具五花八門，數不勝數：電子遊戲機、電動汽車、上網遊戲，大玩特玩，學業荒棄，父母皮包挖空。比起這一群快樂小童，我輩可沒那麼幸運。我家本不窮，寧波媽媽數口精，不願花鈔票為獨生兒子買玩具，我平日玩的，不是來自世叔伯的餽贈，便是「D.I.Y.」，彈弓木叉、木頭刀劍，都是從公園或路邊撿來的木枝、樹椏削製而成。彈弓縛闊條牛皮筋，端包黑皮，彈力十足，以小石塊彈出，可達十丈開外，我用之彈樹上小鳥，屢有收穫。同學向老師告發，說我虐殺小鳥，查明屬實，老師罰留堂兼抄朱子家訓十遍，苦不堪言。那時心中咒罵老師，如今想起中彈小鳥的垂死掙扎、吱吱低叫的情況，深為懊悔，小孩貪圖快樂，不念人家痛苦，萬萬要不得。木頭刀劍，用來打架，兩派街童，稍一不和，便動干戈，我手製的木刀大派用場，輒把對方砸得頭破血流，痛苦呻吟。上蒼公平，你剃人頭人亦剃之，一次閃避不及，為木刀砍中天靈蓋，一陣劇痛，拔足狂奔回家，額角深涼，一摸，全是血，外婆臨危不亂，從香爐匀起一堆灰，迎頭敷上，說：「勿要緊，香灰是藥，處處用得着。」說也奇怪，血就止了，換作今日，必然「三條九」，十字車送醫院，縫針，打破傷風針，嚴重一點，還得留院觀察。

及長，文明了，不玩殺戮遊戲，轉踢足球。早說過老媽摳門，哪會買足球，只好踢鐵罐，攢了一些錢，買個膠波，紅白相間，輕飄飄，不易控制，孰不料，這正打好腳下功夫。聽說阿根廷的馬勒當拿幼時家貧，就在小巷踢石子，能用腳挑石子過千把而不落地，難怪球藝出色當行。紅白膠波便宜，踢破，再買，一俟技藝熟，再看不起膠波，轉買「生膠波」，綠底黑線，稍重，射門勁度十足，我常持之到北角平民大廈的平臺招搖，一隊七人，展開廝殺，響聲蓋天，擾鄰至甚，邨民怒罵驅趕，頑童不懼，照踢如儀，聲浪雷響，引起公憤，報警查辦，一群小童送進北角警署，要待家長領回。

上中學，老師要求每人配一根鋼筆，同學多挑英雄牌，北角「華豐」有售，筆分藍、黑、紅三款，同學偏嗜黑色。我那時愛洋惡中，憧憬來路貨，謝九叔送我一管德國鋼筆，十分別致，上墨水不用泵而改用按扭，把泵管扭下，伸進墨水瓶，復扭上，墨水就源源灌進玻璃管，滿滿的，比「英雄」牌的泵墨水方式好玩得多。「英雄」牌鋼筆，我雖不喜，口琴則為我恩物，那時候，香港最有名的口琴老師是梁日昭，人人都想拜他為師，我沒黃霑幸運，只好拜學校的薛老師學藝，一個月，已能吹《在那遙遠的地方》、《紅彩妹妹》，同時也吹壞了兩個「英雄」口琴。薛老師說：「葉關琦，你吹得口琴盈滿水，哪能不壞！」薛老師說這話時，語調溫婉，臉帶笑容，這一切，如今都看不到矣。兒時遊戲種類夥，唸小學時，迷上康樂棋，四方木枱，東西南北四洞，枱兩邊放木象棋子，分兩人對壘和四人互賽，用長木桿撞棋子落洞，誰先把對方棋子全數掃落洞即勝出，我是長勝棋王，盛時一桿「清袋」，平日亦在五桿之內勝出，因而贏了不少同學零錢。還有拍「公仔紙」者，兩人同玩，各持一張公仔紙（多為三國演義英雄和水滸傳梁山人馬）互擊後，鬆手，迨兩紙落地，翻開一張勝出，如兩張都翻出或覆蓋，那便是和，須要重來。遊戲都很簡單，可我們玩個不亦樂乎。如今兒童遊戲創新，古靈精怪，卻失童真。

兒時遊戲：膠波

這就是方逸華

對面走過來一個女人，頎身玉立，皓齒明眸，異常出眾。十歲的我，已懂分辨女性的美，忍不住多打量幾眼，這時耳邊響起母親招應的嗓音：「哎喲！方小姐！你到哪裏得去？」女人止了步，沙啞地答道：「葉太太！我去修高跟皮鞋！」我看到叫方小姐的女人手上正挽着兩對高跟鞋子：「脫了底，去叫老皮匠打個掌。」方小姐揚了揚高跟鞋子，一黑一紅。母親喲的嚷起來：「方小姐！儂真節省，高跟皮鞋壞脫，換過一對便好！到『華納』去買呀！」母親指指身後的一家皮鞋店，那是英皇道上的名店。方小姐搖搖頭：「太貴，太貴！」就此踅入名園西街，閃進一條橫弄找老皮匠去了。母親口裏的「方小姐」，就是十一月二十二日仙逝的「六嬸」方逸華，其時駐唱「都城」酒樓夜總會，店為先父舊部下黃瑞麟所開，母親隔週去捧場，因而跟方逸華善。母親不止一次在我面前誇獎方逸華：「方阿姨節儉，儂要學，銅鈿勿可以亂用！」（我當耳邊風，不但亂用還脱底，如今家無恒產。）我聽過方逸華的歌，擅唱西曲，有香港「柏蒂·佩芝」的美譽，「香檳」臺柱，跟另一方（方靜音）齊名。

方逸華十七歲時在南洋遇到邵逸夫，六叔聽完歌，驚為天人，召她到枱前傾談，種下情苗，天不老，情難絕，擾擾攘攘五十年，方修成正果。我在〈音樂老小子〉一文裏，説過方逸華看相的軼事，此處不妨重錄——「陳伯毅給我説了段往事，多年前，他偕同顧嘉煇、方逸華同逛上環大笪地看相。陳伯毅年最長，先看，相士道：『你一生平平穩穩，可安享晚年。』到顧嘉煇，相士一看：『先生日後會享大名。』迨到方逸華，相士上上下下打量，不住點頭：『小姐！恭喜你！你將來是大富婆。』那時方逸華只是一名歌星，雖有點名，並不富裕。數十年後，世事多變，三人遭遇，一如相士所言，靈驗無比。」足見人命天定，有誰會想到方逸華日後成為億萬富婆，權傾娛樂圈。

七十年代中，我為「邵氏」編劇本，常見到方小姐，那時，她跟胞妹 Jenny 同住在清水灣「碧莎」別墅，小洋房一幢，兩層高，屋前有個小花園，花木扶疏，清潔幽靜，遂成為咱們談劇本之所。華山、李柏齡、何永霖……一伙青年，在布置優雅的方家客廳高談闊論聊劇本，各人性格不同，我性急，說話有如機關槍，狂掃一輪，旁人難置喙；華山靦腆，沉默不多言；柏齡靈巧，常有鬼點子；永霖片務經驗豐，話少建議多，偶爾爭持不下，方小姐就打圓場：「先喝點水、吃些東西，慢慢聊，這事兒急不了！」方小姐一開腔，咱們都按下性子，吃傭人送上的點心，有時也會喝一點啤酒。報上報導方小姐豪邁大膽，赤腳走澳門賭場，嘿嘿！比起我見的，那真是小兒科，有一回，劇本談累了，夜深遇雨，清水灣回市區不便，眾人躊躇，方小姐便說：「你們不嫌侷促，那就睡這裏吧！」語畢，第一個倒在客廳地毯上，納頭便睡，根本不把我們幾個青年小伙子當回事。這樣，華山、柏齡、我就戰戰兢兢地陪着方小姐過了一夜，翌晨才各自打道回府。方小姐微笑地送我們出門口，叮嚀着：「回去好好睡，身體緊要。」永遠是和和氣氣，就像一個大姐姐。我膽子大，一回問方小姐到底喜歡邵爵士甚麼？方小姐說出肺腑之言：「我仰慕他，敬重他。」在她眼中，邵爵士不是一個平凡的人，頭腦冷靜，臨危不亂，尤其是兒子被綁臨場顯露出來的鎮定，令她傾心。

今夜月濛濛，冬風拂面寒，細聽方小姐沙啞磁性的歌聲：「春去秋來，時光荏苒，憧憬已渺，夢兒已殘，小船哪小船，不復昔日的光輝燦爛……」我入夢，夢見跟方小姐聊劇本，華山、柏齡、永霖，盡現眼前。唉！時光荏苒，已是四十多年前的事了！

方逸華

誰是過來人？

一篇文章，禍起蕭牆。鄭明仁撰《成報》創刊歷史云——「收藏家吳貴龍先生最近向我出示了『成報彙刊』第一集，裏面集齊了第一期至第二十期的成報，第一期創刊於民國二十七年（一九三八年）八月五日，每三天出版一期，是為三日刊。報上印上創刊人是何文法、李凡夫（漫畫家）、過來人（蕭思樓，海派作家），督印人是何文法兄長何民江。」本乃第一手資料，彌足珍貴，可蔣芸小姐撰文提質疑：文中「過來人」身分，大抵有誤。編輯小姐來電問我，我以蕭思樓為外江佬（上海人），不大可能跟廣東佬何文法有任何牽連，斷言有問題。追溯資料，何文法生於一九一四年，三六年抵港，曾在報社工作，三八年二十四歲，創刊《成報》三日刊，大有可能，只是緣何會跟過來人攀上關係？

百思莫得其解。起初，找不到過來人出生日期，只知跟他稱兄道弟的馮鳳三生於一九一八年，五十年代來港，聽方龍驤説，三哥年長於過來人，那麼自不可能同何文法同齡，既有懷疑，遂興推理之心，請教高明，非小思老師莫屬。小思老師不旋踵傳來一紙，是一段訃聞，刊出日期是一九九八年十一月三日（文匯報）——「蕭思樓（過來人）先生不幸逝世——蕭思樓先生積勞成疾，痛於重陽節前夕（十月二十七日）與世長辭，積閏高壽七十有七。」以此類推，過來人應生於一九二四年（減天地人三歲），若然，一九三八年，只得十四歲。再商諸陶傑，悉過來人五零年方來港，三八年當不可能結識何文法，共辦《成報》。於此殆可斷言，此過來人並非外江佬蕭思樓，定是另有其人耳。

電明仁問資料何處而來？答曰：「是收藏家給我看的，準確無誤，只是我一看到『過來人』名字，就想起蕭思樓，也問過韓中旋，説『過來人就是蕭思樓』，如今一對年份，當然不對，是我想當然，搞錯了！」聽罷捧腹。蔣芸小姐素性耿直，是其是，非其非，纖腕一揮，洋洋灑灑一篇好文章，說早已傳訊明仁指出謬誤，惟對方答以是收藏家的資料，沒了下文，忍不住，發文斥其非，明仁不怒反謝，有前輩鞭策，乃是好事。這也說明寫掌故文章，下筆要謹慎，資料未必對，不作得準。明仁不識海派作家，不然，一定不會犯此錯誤。

問題來了，《成報》創辦人的過來人，既非蕭思樓，又會是誰？明仁傳來《成報》三日刊第一期——督印何民江；何文法、李凡夫、過來人聯合主辦，注意是主辦，並非創刊。三人當中，何文法人人皆知，《成報》大老闆，也是大馬主，「七寶」、「七巧」，都是他愛駒，其子何國英曾為騎師。李凡夫漫畫家，年長於何文法，留學日本，二十年代已成名，傑作《何老大》瘋魔省澳。好了，何、李身分已證明，獨是過來人，教我費煞思量，起先，我推論是何民江化名，友人反對——「既是督印，就不必化名過來人。」

苦思半天，再追查資料，看到誼兄黃仲鳴〈琴臺客聚〉談鄧羽公的文章——「鄧羽公是小報聖手，是《成報》老闆何文法的外父（次女良樨適何）。」鄧羽公生於一八八九年，卒於一九六四年，享年七十五，一九三八年《成報》三日刊創刊時，剛屆知命，風華正茂，再看創刊號，頭條刊小說《葫蘆乳》，作者耑名鄧倒翁。據黃仲鳴〈鄧羽公星醫師〉一文（二〇一四，七月八日《文滙報》）開列鄧羽公筆名有「倒翁」一名，加以何文法曾在廣州《羽公報》做過事，於是推斷「過來人」正是鄧羽公。小思老師傳訊曰——「羽公筆名有『倒翁』一名，《成報》彙刊中有此名出現，你的推斷有實證了。」因而此過來人應非「蕭思樓」，乃係何文法丈人「鄧羽公」。至於何以叫「過來人」？想是羽公辦報經年，甜酸苦辣、喜怒哀樂遍嘗，故有感而自稱「過來人」！

照中人

一張照片傳過來，四人合照，三男一女，一男坐，二男一女立，人人笑容可掬。一看，噢！坐着穿棕色長袖襯衫者不正是江漢！前些時（十二月七日）去世了，享年七十八。穿紅T恤的白髮男人，夫子自道——「穿紅衣是你老友翁午」，那是世交午哥、《金瓶梅》裏的鄆哥。其餘一男一女，午哥怕我年老記性差，註曰——「立於江漢之後是趙小山（左派名演員劉戀之子又是聲樂家）、朱虹（鳳凰當家花旦）。」原來人人有名堂，我眼拙，險些兒把小山哥錯認作王羽了（不過粗看，真有幾分像，對不？）。小山哥之母劉戀，是我喜歡的女演員，風情月意，燕懶鶯慵，視為留戀對象。朱虹固不必說，「長城」夏夢，「鳳凰」朱虹，盈盈佳人，世上罕有，不少人鍾情她的《金鷹》，跟風風流流的高遠一對兒，我獨喜跟傅奇合演的《情竇初開》，懷春少女，姿首清麗，濯濯如春月柳，任意之慧眼識英雌，一眼挑中。美人如今七十六，從照片看，氣度雍容，輪廓依然，少掉嬌憨情，多添華貴氣。趙小山，父親是左派影壇名人趙一山，創「華文」公司，拍了不少大陸紀錄電影，《泰山南北》、《萬里長城萬里長》、《昆明春曉》賣座空前，最負時譽。都是五六十年代電影人物，如今年輕人，大抵已不識荊。前事不忘，後事之師，昔日影人，不求聞達，撐起電影，輝煌燦爛，勞苦功高，脱帽致敬。

世交翁午，認識有五十年，其父翁靈文，雅號「影壇百搭」（今日言之，乃通天公關），人脈之廣，無出其右，難怪成為「無綫」最老的公關大員，離職外事科副總監曾醒明告我「在翁叔叔身上學習了不少物事。」翁伯伯説過「做公關是要做到不刻意，那才能稱成功，如果太顯眼，搶了老闆風頭，那就大告而不妙。」觀乎今日影圈經理人，接受訪問拍照多過旗下藝員，風頭搶盡，焉會不招忌。

翁午很早就進電影圈，得意之作自然是跟李香蘭合演的《金瓶梅》，演鄆哥，網上看過這部電影，的確演得不錯。及長，搖身一變，成為俊朗小生，在「鳳凰」地位僅次高遠、江漢。午哥年輕時，瀟灑倜儻，宜古宜今，既能演《金鷹》的扎布，也能演《迷人的假期》的許可法，只是性不近電影藝術，反熱心於攝影機械，六十年代後期退居幕後。翁午妻乃王葆真，當年兩人擺酒於尖沙嘴「樂宮樓」，母親喜看明星，逼着父親致電翁伯伯討喜酒喝。母親回來不住說「新娘子漂亮，跟翁午真是一對兒。」午哥耿介豪邁，説話嗓門大，心中不藏話，對愛情專一，如今依然鶼鰈情深，香巢築在香港半山。好了，四人説去三人，獨欠江漢，其父姜明，姓赫，此乃滿姓。滿人性烈，嗜烈酒，姜明豈能例外，能盡一兩瓶茅台臉不改容，彼有乃父風，千杯茅台喝不醉。劉伶嘗言「好酒不壞肝」，媽的！那是屁話，潮州怒漢亦嗜茅台，每夜乾一瓶，數年積壓下來，終在去年六月中風，險些掉命。江漢患管脈炎，後期要入療養院，當跟酗酒過度有關，彼乃「鳳凰」當家小生，跟高遠齊名，外型俊朗兼有正氣，因而多飾演憨直青年，間演古裝人物，看過他在《西施》演的「勾踐」，精確地刻劃出忍辱負重的落魄君王心態。

七十年代末，左派電影式微，江漢投身電視圈，四十年來扮演過不少教人難忘的人物——《烈火雄心》裏的根叔，如今仍常掛在觀眾的嘴邊。要我數其傑作，獨推六十年代的《巴士銀妙計除三害》，盧敦編劇，莫康時導演，白茵、江漢領銜主演。電影中先奸後忠，一口不大標準的廣東話，令人發噱又感親切。江河流逝，漢聲不再，一切隨風！

（上排左起）趙小山、朱虹、翁午及下排的江漢

從井莉說起

短短不到兩個月，這艘「船」已載走了兩個出眾女人——方逸華、井莉。前者幹練精明，直似帶刺玫瑰；後者清雅芳潔，宛如鵝黃秋菊。方逸華在親友哀思中，化為青煙，返回天界，井莉玉軀仍存人間，芳魂不知何向。六十年代初，井莉隨父井淼自臺灣來港，進「邵氏」，不旋踵當上《船》的女主角。《船》——臺灣瓊瑤名作，寫三對男女之間的愛情，像船一樣飄流，有向幸福彼岸，有翻沉於苦海，井莉、楊帆這一對兒最後以悲劇終，葬身大海。初登銀幕，演來絲絲入扣，牽動人心。「邵氏」刻意栽培，翌年演出《雲泥》，男主角仍然是楊帆。這部電影，我印象模糊，倒是影片中陶秦詞、王福齡曲的《問白雲》，至今仍琅琅上口：「問白雲，你有多少愁，問白雲，你有多少憂，舊愁散不盡，新怨上心頭……」一唱便愁，曲怨詞鬱，心翳氣悶。一連兩部文藝戲，井莉險些兒給定型為「悲情女星」，張徹有慧眼，相中她當畢生傑作《刺馬》的女角，飾演背夫棄義的蕩婦，姘上丈夫黃縱義兄馬新貽，痴痴相纏，苦苦廝拉，為求相守，害死丈夫。清麗純真的井莉，一投入戲，登時流波瀲豔，狐媚誘人，莫說狄龍的馬新貽，天下漢子誰能不動容？於是人人說井莉演戲承傳自父親井淼，井老爺子戲好，人人皆知，《血手印》的包公，金超群大有不如。多年後，友人秦君在一個場合巧遇井莉。誇她演技精妙，井莉淡然說：「我算啥，不及咱爸一半哪！」謙虛沖和，了無驕氣。

井莉去世消息甫傳，我即致訊伊前夫謝宏中，未幾回訊曰：「十二月九日傍晚在醫院進食時，突然沒有呼吸和心跳，經搶救後以為無事，不久大去了，應沒有甚麼痛苦的，願她脫離一切人世間痛苦，願她安息。」短短數言，勝過千言萬語。宏中跟我頗有緣，先是遇於「金牛苑」，繼而一同晚飯，不多時又在金童七十大壽宴席重晤，更未想到的是彼之妻為呂有慧姊有佳，亦即余母雀友呂太千金，姊妹淘蘭青阿姨的姨甥女，告與宏中，同聲說：「世事真奇妙。」六十年代末，羅臻導《一池春水》，男角宗華，女角井莉。「每到放工時候，總看到一個英俊青年來接井莉，手上挽着滿籃美味食物『萬歲』。」時維助導的吳思遠遙憶前事。青年便是謝宏中，當年戮力追求井莉，最後贏得美人歸。

邵氏盛產美人，前後有《十二金釵》和《新十二金釵》，不久前去世的秦萍屬舊釵，何莉莉，林嘉是新釵。秦、井、馬（海倫）乃手帕交，叫關要好。馬海倫，長青樹，七十近，勁道足，儼如四十，駐顏有術，誠凍齡女神。海倫心善，姊妹作古，赴海外佛寺焚香祈福，祝願姊妹淘早登極樂。在船裏跟金峰配對兒的林嘉，我眼中是最美麗的女星，迷伊，每齣電影都看。林沖演大盜歌王，她是二號，一樣如鑽石般的發放光芒，喲！橫看豎看，有哪一點比不上咱們的莉莉？套思遠口頭禪：

「命好也要靠運」，一語道破。另一位新釵沈依倒是相識的，偏性感路線，盤絲洞的蜘蛛精，美而豔豐，柔骨體媚，天生尤物，眾男皆醉。七八年相見於樂宮樓頭，淡掃蛾眉，一泓清水，訝然，對曰：「沈先生，那是做戲呀，當不得真唷！」告我在家發悶欲從胡燕妮一樣為「佳藝」拍劇。歡迎歡迎，可惜一口京片子，粵語弗靈光，她懂觀眾不懂，咋辦？珍妮從旁幫腔：你呀，跟康威是老朋友，無論如何總得幫個忙，再慫下去，敢情會生毛病。阿嫂有命，回臺商諸高層，獲言是：不行！劇集現場收音，只好唐突美人。顫抖的嗓音，沮喪的臉容，我豈能忘記！沈依亡故了，只能雙手合什默禱：沈姊，天界安詳！新十二金釵已去數人，秦萍飽受折磨方得解決，比起來，安然去世無所痛苦的井莉，更有福氣！

《刺馬》劇照

跋

刊在《懷舊錄》裏的，都是過去幾年的舊作，多述往事、略抒情懷，本無甚可觀，黎漢傑兄仍有興趣出版，只好從之。文章雖舊，寫時用心，鉤覆清釐，滌清積　，也費了一番功夫。慈母護子，咬奶頭兒子總是自己的好，於拙作，亦作如是觀。書中不少文章，記憶以外，求諸資料，一在網上搜尋，二向友人打探，尤其是耄耋前輩，更是循循賜教，言無不盡，至為難得。許定銘兄寫下讀後感，語誠詞摯，多所嘉勉，脫帽謝過。董橋兄賜題《懷舊錄》，彌足珍貴，感激涕零。匆匆數言，是為跋。

西城　庚子年夏於随緣軒側

懷舊錄

作　　者：沈西城
封面題字：董　橋
責任編輯：黎漢傑
法律顧問：陳煦堂 律師

製　　作：初文出版社有限公司
出　　版：銀匯有限公司

印　　刷：陽光印刷製本廠

發　　行：香港聯合書刊物流有限公司
香港新界荃灣德士古道220-248號
荃灣工業中心16樓
電話 (852) 2150-2100 傳真 (852) 2407-3062

版　　次：2020年11月初版
國際書號：978-988-78095-4-8
定　　價：港幣118元

Published and printed in Hong Kong

香港印刷及出版